지은이 이기범

대학에서 한국사, 대학원에서 문화콘텐츠를 공부했습니다. 25여 년간 국내와 해외의 박물관, 세계 문화유산, 유적지 등 역사의 현장에서 어린이·청소년들과 함께 역사 체험 학습을 하며 세계 속의 우리 역사와 문화를 탐구하는 활동을 해 왔습니다. 지은 책으로 《특별한 역사책》 《참 쉬운 뚝딱 한국사 2 : 고려 시대》 《3·1운동의 불씨, 독립 선언서를 지켜라!》 《하늘 높이 솟은 간절한 바람, 탑》 《세종 대왕과 함께 펼쳐 보는 훈민정음 해례본》 《제술관 따라 하루하루 펼쳐 보는 조선통신사 여행길(공저)》 등이 있습니다.

그린이 김은주

대학에서 그림 공부를 하다 그림책이 좋아 어린이책 일러스트레이터가 되었습니다.
그린 책으로는 《살아 있는 역사, 꿈이 되는 직업》 《햄버거 안 먹는 아이》 《돈가스 안 먹는 아이》 《기다려》 《뺑침대》 《이봄해 햇살이 쨍》 등이 있습니다.

기록의 나라 대한민국의

유네스코 세계 기록 유산

초판 1쇄 발행 2023년 11월 15일

지은이 이기범　**그린이** 김은주

펴낸곳 도서출판 그린북　**펴낸이** 윤상열
기획편집 최은영 김민정　**디자인** 맥코웰　**마케팅** 윤선미　**경영관리** 김미홍
출판등록 1995년 1월 4일(제10-1086호)　**주소** 서울 마포구 방울내로11길 23 두영빌딩 302호
전화 02-323-8030~1　**팩스** 02-323-8797　**블로그** greenbook.kr　**이메일** gbook01@naver.com

ⓒ 이기범 김은주 2023

이 책의 저작권은 저자와 출판사에게 있습니다.
서면에 의한 저자와 출판사의 허락 없이 내용의 일부를 인용하거나 발췌하는 것을 금합니다.
ISBN 978-89-5588-454-8　73910

* 잘못된 책은 구입하신 곳에서 바꾸어 드립니다.

어린이제품안전특별법에 의한 표시
품명 어린이 도서　**제조국** 대한민국　**사용연령** 8세 이상　**주의사항** 책 모서리에 다치지 않도록 주의하세요.

한장한장 우리역사

기록의 나라 대한민국의

유네스코 세계 기록 유산

이기범 글 김은주 그림

그린북

차례

기록을 통해 발전한 인류의 역사	8
훈민정음 해례본	10
조선왕조실록	12
불조직지심체요절 하권	14
승정원일기	16
조선왕조 의궤	18
고려대장경판 및 제경판	20
동의보감	22
일성록	24
5.18 광주 민주화 운동 기록물	26

난중일기 ………… 28

새마을 운동 기록물 ………… 30

한국의 유교책판 ………… 32

KBS 특별 생방송 '이산가족을 찾습니다' 기록물 ………… 34

조선왕실 어보와 어책 ………… 36

국채보상운동 기록물 ………… 38

조선통신사에 관한 기록 ………… 40

4.19 혁명 기록물 ………… 42

동학 농민 혁명 기록물 ………… 44

기록의 나라, 대한민국 ………… 46

기록을 통해 발전한 인류의 역사

　선사 시대와 역사 시대를 나누는 기준은 '문자'와 '기록'입니다. 문자가 발명된 후 감정과 지식을 기록할 수 있게 되었고 이것이 쌓이면서 인류는 아주 빠르게 발전했습니다. 시와 소설과 같은 문학이 나오고 음악은 가사와 악보로 전해질 수 있었습니다. 수학과 과학 같은 지식도 인류의 문명을 빠른 속도로 발전시켰습니다. 역사는 과거를 통해 현재를 돌아보고 미래를 준비할 수 있게 해 주었습니다. 이 모든 것이 기록으로부터 출발했습니다. 결국 인간은 기록을 통해 비로소 진정한 '인간'이 된 것입니다.

　하지만 중요한 역사 속의 순간을 담고 있는 기록물들은 전쟁과 자연재해, 약탈과 파괴, 불법적인 거래 등으로 사라지거나 잊히고 있습니다. 이를 안타깝게 여긴 국제 사회는 힘을 모아 인류의 기록물을 지켜 내기로 약속했습니다. 유네스코는 1995년 세계 기록 유산 사업을 시작했으며, 2년마다 각 나라가 신청한 자료를 검토해 세계 기록 유산으로 등재하고 있습니다.

　유네스코는 세계의 기록 유산을 인류 모두의 소중한 자산이라고 여기며 다음 세 가지를 사업의 목적으로 삼고 있습니다.

　첫째, 최적의 기술을 통해 전 세계 기록 유산의 보존을 돕는다(보존과 연구).
　둘째, 기록 유산의 보편적 접근성을 향상시킨다(전시와 관람).
　셋째, 기록 유산의 존재와 중요성에 대한 세계적 인식을 제고한다(교육과 홍보).

　기록물로 인정하는 대상은 책, 신문, 포스터 같은 종이 자료뿐이 아닙니다. 돌, 플라스틱, 나무껍질, 섬유 등 기록이 남아 있는 자료라면 무엇이든 가능합니다. 문자가 아닌 그림, 지도, 악보 등도 세계 기록 유산이 될 수 있습니다. 물론 오디오, 비디오 등 영상과 디지털 자료 역시 기록의 범위에 포함시키고 있습니다.

　세계 계록 유산은 현재 500여 점(2023년 기준 494건)에 이릅니다. 대표적인 세계 기록 유산으로 슈베르트 컬렉션(2001년 등재), 안네 프랑크의 일기(2009년 등재), 1886년의 벤츠 특허(2011년 등재), 아이작 뉴턴 경의 과학 및 수학 기록물(2017년 등재), 셰익스피어의 문서들(2017년 등재), 중국의 갑골문(2017년 등재), 체르노빌 사고 관련 문서 유산(2017년 등재) 등이 있습니다.

　우리나라의 세계 기록 유산은 1997년 등재된 《훈민정음 해례본》과 《조선왕조실록》을 시작으로 2023년 등재된 4.19 혁명 기록물, 동학 농민 혁명 기록물까지 모두 18건입니다. 아시아에서 가장 많고, 세계에서 세 번째로 많은 개수입니다. 그럼 지금부터 우리나라에 어떤 기록 유산이 있는지 하나씩 살펴볼까요?

훈민정음 해례본

한글의 우수성을 널리 인정받은 근거 · 1997년 등재

간송미술관 소장

《훈민정음 해례본》은 한글을 만든 이유, 만들어진 원리, 구성과 사용법에 대한 해설을 담은 책이에요. 세종대왕은 1443년 한글을 창제하고 1446년 반포했어요. 창제에서 반포까지 3년이 걸린 이유는 만들어진 문자가 실제 잘 쓰일 수 있을지 연구하고 꼼꼼히 확인하는 시간이 필요했기 때문이에요. 정인지, 신숙주, 성삼문, 최항, 박팽년, 강희안, 이개, 이선로 등 8명의 집현전 학사들이 이 일에 앞장섰어요. 드디어 1446년 음력 9월 《훈민정음 해례본》이 간행되었어요. 이로써 한글은 전 세계 문자 중 누가, 언제, 왜, 어떠한 원리로 만들었는지 알려진 유일한 문자가 되었어요.

해례본에 따르면 훈민정음은 발성 기관의 모습을 본떠 첫소리인 자음을 만들고 천지인(하늘과 땅과 사람)의 원리로 가운뎃소리인 모음을 만들었어요. 그리고 순환의 원리에 따라 끝소리는 다시 자음으로 했어요. 스물여덟 개의 글자로 바람 소리, 닭 우는 소리, 개 짖는 소리까지 표현할 수 있지요. 《훈민정음 해례본》 덕분에 한글은 인류가 만든 모든 문자 중에서 아주 특별한 위치를 차지하게 되었어요. 그래서 1997년, 우리나라 기록 유산 중에서 가장 먼저 세계 기록 유산에 등재되었어요.

사라진 4개의 글자

한글을 처음 만들었을 때는 17개의 자음과 11개의 모음을 합쳐 모두 28개의 글자였어요. 그러나 시간이 지나며 다른 글자와 발음이 비슷한 글자 4개는 더 이상 쓰이지 않게 되었어요. 쓰지 않는 글자는 ㆁ(옛이응), ㅿ(반치음), ㆆ(여린히읗) 등 자음 3개와 ㆍ(아래아) 등 모음 1개예요. 그럼에도 남은 24개의 글자를 조합하면 무려 11,171개의 소리를 표현할 수 있어요.

왕과 신하들이 함께 만든 책

《훈민정음 해례본》은 세종대왕이 적은 '서문'과 '예의' 8쪽과 신하들이 적은 '해례' 58쪽으로 이루어져 있어요. 서문에는 한글을 만든 이유와 목적을 적었어요. 예의에는 훈민정음의 소릿값과 사용법이 적혀 있어요. 해례는 제자해(만들어진 원리), 초성해(첫소리 설명), 중성해(가운뎃소리 설명), 종성해(끝소리 설명), 합자해(초성 중성 종성을 합해서 글자를 만드는 규칙), 용자례(글자를 쓰는 보기), 그리고 한글의 우수성을 강조한 정인지의 서문으로 이루어져 있어요. 흥미로운 점은 세종대왕이 쓴 예의편은 한 쪽에 7줄, 한 줄에 11글자씩, 신하들이 쓴 해례편은 한 쪽에 8줄, 한 줄에 13글자씩 만들어졌다는 것이에요. 왕의 글씨를 크게 쓰고 신하들의 글씨를 작게 쓴 것이지요. 또한 《훈민정음 해례본》의 글씨체는 당시 최고 명필인 안평대군의 글씨체랍니다.

기록 유산의 가치를 알아본 간송 전형필

수백 년의 세월이 지나는 동안 《훈민정음 해례본》이 사라져 일제 강점기에는 한글이 만들어진 원리를 아무도 몰랐어요. 그러다가 1940년 우연히 안동에서 《훈민정음 해례본》이 발견되었어요. 간송 전형필은 이 소식을 듣고 급히 큰돈을 내어 책을 사서 국어학자들이 한글을 연구할 수 있도록 공개했어요. 6.25 전쟁 동안에는 책을 품속에 가지고 다니며 지켜 냈어요. 《훈민정음 해례본》은 국보가 되었고 현재 간송미술관에 소장되어 있어요.

기록 유산 돋보기

예의편의 서문에 해당하는 부분이에요. 한글을 만든 이유와 목적을 적어 놓은 것이지요.

ㄱ은 어금닛소리이니 군(君)자의 처음 나는 소리와 같으며, 나란히 쓰면 규(虯)자의 처음 나는 소리와 같은 것이다.

ㅋ은 어금닛소리이니 쾌(快)자의 처음 나는 소리와 같은 것이다.

ㆁ은 어금닛소리이니 업(業)자의 처음 나는 소리와 같은 것이다.

ㄷ은 혓소리이니 두(斗)자의 처음 나는 소리와 같으며, 나란히 쓰면 땀(覃)의 처음 나는 소리와 같은 것이다.

우리나라 말은 중국 말과 달라서 한자와는 서로 통하지 않는다. 그러므로 백성 중에는 하고 싶은 말이 있어도 끝내 자신의 뜻을 글로 표현하지 못하는 사람이 많다. 내가 이를 딱하게 여겨 새로 스물여덟 글자를 만드니 사람마다 쉽게 익혀 일상에서 편하게 쓰도록 하고자 할 따름이다.

서문에 이어, 훈민정음의 첫소리가 우리 입에서 어떻게 만들어지는지, 예를 들어 설명하고 있어요.

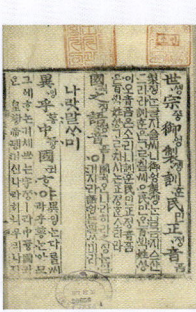

《훈민정음 언해본》

언해본은 한자로 되어 있는 해례본을 한글(훈민정음)로 다시 바꾸어 만든 책이에요. '언해'란 한문을 한글로 풀이했다는 뜻이에요. 훈민정음을 언문이라 불렀던 이유도 언해라는 말에서 비롯되었어요.

조선왕조실록

가장 정확하고 공정한 역사책  1997년 등재

서울대학교 규장각·국가기록원·국립고궁박물관 소장

《조선왕조실록》은 태조(조선 1대 왕)부터 철종(조선 25대 왕)에 이르는 472년간의 역사를 시간 순서에 따라 기록한 국가 공식 역사책이에요. 기록된 기간(472년)과 분량(한자 6,400만 자)은 세계 제일이라 할 수 있어요. 단순히 양만 많은 것이 아니라 정치·외교·군사·제도·법률·경제·풍속·천문·지리·과학·의약·문학·음악·미술·학문·종교 등 각 분야 관련 사건과 인물에 대한 이야기가 가득해요. 심지어 귀신, 괴담 등 신비한 이야기도 실록에서 찾아볼 수 있어요. 역사를 기록하는 이를 사관이라 하고 이들이 일하는 곳을 춘추관이라 했어요. 조선은 법과 제도를 통해 사관의 활동을 보호했어요. 8명의 사관은 항상 국정 회의에 참여해 왕의 말과 행동, 신하들의 의견을 기록했는데 왕과 신하의 잘잘못을 고치지 않고 그대로 적었어요. 그래서 이들이 기록한 사초는 사관이 아니라면 왕이라 할지라도 결코 볼 수 없도록 했어요. 그것은 사관이 역사를 올바르게 기록할 수 있도록 하기 위해서였죠. 이 같은 이유로 《조선왕조실록》은 어느 역사책보다 정확하고 공정하다고 평가받아요. 그래서 세계 기록 유산에도 등재된 거예요.

전쟁의 위기 속에서도 지켜진 실록

임진왜란 때 전주를 뺀 나머지 사고의 실록이 모두 불타 버렸어요. 전주의 실록은 안의와 손홍록 두 선비가 급히 사람을 모아 산 위로 옮겨 화를 면했어요. 그래서 전쟁이 끝난 뒤 나라에서는 정족산, 태백산, 오대산, 적상산 등 깊은 산속에 새로 사고를 지어 보관했어요. 하지만 오대산본은 일제 강점기 때 일본으로 유출되었다가 관동 대지진에 대부분 불타 버리고 적상산본은 6.25 전쟁 때 분실했어요. 현재는 정족산본(1187책, 서울 규장각)과 태백산본(848책, 부산 국가기록원)만 온전히 남아 있어요. 일부만 남았던 오대산본은 일본에서 돌려받아 현재 75책을 국립고궁박물관에 보관 중이에요.

고종과 순종의 실록은 왜 《조선왕조실록》에 포함되지 않을까?

철종을 이은 고종은 조선의 26대 왕이자 대한 제국의 1대 황제였어요. 아들 순종은 대한 제국의 2대 황제였지요. 그런데 1910년 일본에게 나라를 빼앗기면서 우리 손으로 실록을 만들 수 없게 되었어요. 1919년 고종이 승하하자 《고종실록》은 일본의 지시에 따라 만들어졌고 《순종실록》 역시 일본에 의해 만들어졌어요. 그래서 두 실록은 우리 손으로 만든 정식 《조선왕조실록》으로 인정하지는 않아요. 그래서 세계 기록 유산 신청 때도 두 실록은 빠진 거랍니다.

기록 유산 돋보기

강원도 관찰사 조수량(趙遂良)에게 날다람쥐 두 마리와 독수리 새끼 두 마리를 바치게 하니, 영흥 대군을 즐겁게 하기 위한 것이었다.
— 《세종실록》 95권, 세종 24년 3월 10일

> 막내인 영흥 대군을 사랑한 세종 대왕의 마음을 읽을 수 있어요. 닷새 뒤인 3월 15일에도 "강원도 관찰사 조수량에게 진기한 새를 바치게 하니, 영흥 대군을 즐겁게 하기 위한 것이었다."는 비슷한 기록이 있어요.

> 영조 때 전염병이 번져 많은 사람이 죽은 것을 알 수 있어요. 오늘날 감염병 확진자, 사망자 수를 집계하듯 조선 시대에도 지역별 사망자를 조사했던 거예요.

이달에 여역(전염병)으로 사망한 자는, 경기가 3,382명, 관동(강원도)이 572명, 호서(충청도)가 6,266명, 호남이 1만 6,752명, 영남이 1만 739명, 해서(황해도)가 1만 1,371명, 관서(평안도)가 1,853명, 북관(함경도)이 1만 2,141명, 강도(강화도)가 2,391명, 송경(개성)이 1,520명, 제주가 882명이었다.
— 《영조실록》 72권, 영조 26년 9월 30일

세계에서 가장 오래된 금속 활자 책 2001년 등재

불조직지심체요절 하권

프랑스 국립도서관 소장

《불조직지심체요절》(줄여서 《직지》라고 불러요)은 고려 때 승려 백운 화상이 여러 부처님과 큰 스님의 가르침 중 중요한 부분을 뽑아서 엮은 책이에요. 상(上), 하(下) 두 권으로 인쇄되었으나 상권은 아직까지 발견되지 않았고, 하권만 전해져요. 1377년 청주 흥덕사에서 찍은 이 책은 현재 남아 있는 책 중 세계에서 가장 오래된 금속 활자 책이에요.

목판 활자는 나무판에 한 글자 한 글자 새겨야 하니 불편했어요. 또 목판은 화재에 약하고 매우 무거워 보관도 문제였어요. 이런 단점을 보완하기 위해 금속 활자를 만들었어요. 금속 활자는 글자별로 만들어 놓고 책을 만들 때 필요한 글자를 모아서 찍는 방식이에요. 목판 활자보다 편리하고, 단단하여 오래 쓸 수 있었죠. 책을 만드는 속도도 빨라지고 비용도 아낄 수 있었어요. 이 때문에 금속 활자가 발명된 후 인류의 지식은 아주 빠른 속도로 증가하고 널리 퍼졌어요. 금속 활자는 인류가 이룬 업적을 증명하는 매우 중요한 유물이지요.

기록에 따르면 금속 활자로 만들어진 최초의 책은 1234년에 만들어진 《상정고금예문》이지만, 현재 남아 있는 책 중에는 《직지》가 가장 오래되었고 이를 인정받아 2001년 세계 기록 유산에 등재되었어요.

《직지》를 찾아낸 사람들

《직지》를 가장 먼저 발견한 사람은 뜻밖에도 한국에 온 프랑스 외교관인 콜랭 드 플랑시였어요. 옛 책을 모으고 연구하는 것이 취미였던 그는 조선에 13년 동안 머무르면서 여러 책을 샀는데 《직지》도 그중 하나였어요. 그때 우리나라 사람들은 《직지》가 아주 오래된 금속 활자 책이라는 것은 알았지만 자세한 연구는 하지 않았던 것 같아요. 그 후 《직지》는 몇 사람의 손을 거쳐 1950년 프랑스 국립도서관에 기증되었어요. 그리고 20여 년간 잊혀져 있던 《직지》는 프랑스 국립도서관에서 일하던 박병선 박사에게 발견되었어요. 박병선 박사는 연구를 통해 《직지》가 세계에서 가장 오래된 금속 활자 책이라는 사실을 밝혔고 이를 세상에 알렸어요.

남북이 함께 찾아낸 금속 활자

2015년 이전까지 고려 시대에 만들어진 금속 활자는 2개밖에 남아 있지 않았어요. 남북한에 각각 1개씩 있었는데, 국립중앙박물관에 소장된 '복(復)' 자와 북한의 조선중앙역사박물관에 소장된 '전(顚)' 자였어요. 그런데 2015년 남북 학자들이 고려 왕궁인 개성 만월대를 공동 발굴하며 '전(嫥)' 활자를 추가로 발견했어요. 그 뒤 북한이 단독으로 5점을 더 발견하여, 고려 시대 금속 활자는 모두 8점이 되었어요.

복(復) 활자
우리나라에 유일하게 전해지는 고려 금속 활자예요.

전(嫥) 활자
남북 학자들이 개성에서 공동 발굴한 금속 활자예요.

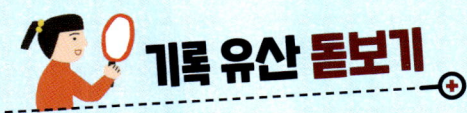
기록 유산 돋보기

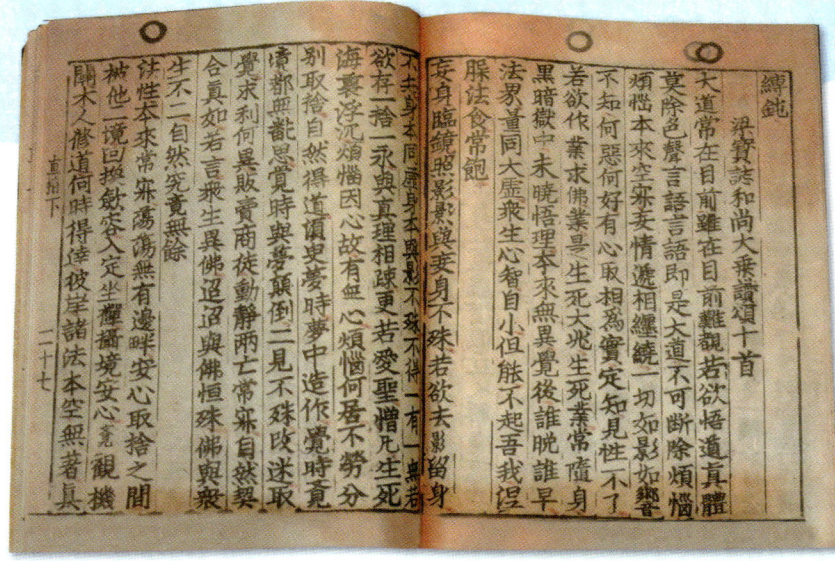

《직지》 하권 복제본

운문 선사가 동산 수초 선사에게 물었다.
"어디에서 왔는가?"
"사도에서 왔습니다."
"여름에는 어디에 있었는가?"
"호남 보자사에 있었습니다."
"언제 그곳을 떠나왔는가?"
"8월 25일입니다."
"그대에게 몽둥이를 세 차례 놓겠네."
다음 날 수초 선사가 묻기를, "어제 스님께 제가 세 차례나 몽둥이를 맞았는데 무슨 허물이 있었는지 잘 모르겠습니다."
하자, 운문 선사가 대답하였다.
"이 밥자루여, 강서와 호남에도 또한 그렇게 갔었구나."
수초 선사가 그 말에 크게 깨달았다.

– 《직지》 하권 16장 중에서

참 알쏭달쏭한 대화지요?
이와 같이 스님들이 깨달음을 얻기 위해 나누는 대화를 '선문답'이라 해요. 운문 선사는 깨달음이란 결국 자신의 마음속에 있는데 그것을 모르고 깨달음을 찾아 강서, 호남까지 돌아다닌 수초 선사를 밥자루(밥통) 같다며 꾸짖었어요. 수초 선사는 다음 날에야 운문 선사의 말뜻을 깨치게 된다는 내용이지요.

세계에서 가장 방대한 역사 자료 `2001년 등재`
승정원일기

서울대학교 규장각 소장

《승정원일기》는 왕의 비서 기관인 승정원에서 작성한 기록물이에요. 승정원은 국가 기밀을 비롯해 다양한 나랏일을 두루 살폈어요. 따라서 《승정원일기》에는 승정원의 기본 업무는 물론 왕의 명령서, 신하들의 업무 보고, 관리의 비리, 상소문, 왕실의 사건, 왕의 공부 등 매우 다양하고 중요한 기록이 빠짐없이 적혀 있어요. 엄청나게 방대한 이 기록은 승정원 주서(7품) 2명이 담당했어요. 보통 한 달에 1책(한 권)을 쓰는 것이 원칙이지만 점차 내용이 많아져 2책(두 권) 이상 쓰는 경우가 더 많았어요. 그런데 안타깝게도 임진왜란과 이괄의 난, 두 차례 화재로 조선 전기의 기록은 모두 사라졌어요. 현재 남아 있는 것은 인조 대부터 순종 대까지 288년(1623~1910)의 기록이에요.

《승정원일기》는 글자 수만 2억 자가 넘어 세계 최대의 역사 자료로 인정받았어요. 모두 3,243책으로 한국사 연구뿐 아니라 정치, 경제, 사회, 문화 등 다양한 분야의 학문에 필요한 자료가 가득해요. 《조선왕조실록》이 자료를 모아 편집해 만든 완성된 책이라면 《승정원일기》는 실록을 만들기 전 모아 둔 1차 자료라 할 수 있어요. 《조선왕조실록》이나 조선왕조 《의궤》와 달리 원본 1부만 남아 있어 더욱 귀한 기록물로 인정받아요.

가장 강력한 힘을 가진 승정원

승정원은 왕의 비서 기관으로 오늘날의 대통령실과 같은 곳이에요. 왕명을 전달하고, 경연(왕의 교육)을 담당하고, 군사 기밀을 다루었어요. 6조(이조, 호조, 예조, 병조, 형조, 공조)를 맡은 6명의 승지가 국정 전반에 대한 업무를 왕에게 보고했어요. 그중 으뜸 벼슬은 도승지로 지금의 대통령 비서실장과 같지요. 승정원에는 6승지 외에도 《승정원일기》를 담당하는 주서 2명과 하급 관리 28명이 있었어요.

번역 완료는 2048년

한자로 쓰인 《승정원일기》를 우리말로 옮기기 위해 지금도 많은 학자들이 노력하고 있어요. 매년 80여 명이 번역 작업에 매달려 2021년에는 전체의 약 3분의 1인 774책이 번역되었지요. 하지만 세계에서 가장 분량이 많은 자료인 《승정원일기》를 모두 번역하려면 앞으로도 수십 년이 더 걸린다고 해요. 지금과 같은 속도가 유지될 때 전체 번역이 완료되는 시기는 2048년으로 보고 있어요.

인공 지능이 번역하는 《승정원일기》

2021년 4월 한국고전종합DB(https://db.itkc.or.kr)에서 AI를 활용한 고전 자동 번역 서비스를 출시했어요. 전체 번역까지 시간이 너무 많이 걸리기 때문에 아직 번역이 되지 않은 책을 AI가 대신 번역해 주는 거예요. 다만 《승정원일기》에 쓰인 한문은 일상생활에서 쓰는 문장이 아닐 뿐더러 288년 동안 한문의 단어나 쓰임도 달라져 완벽하게 번역이 되지는 않아요.

기록 유산 돋보기

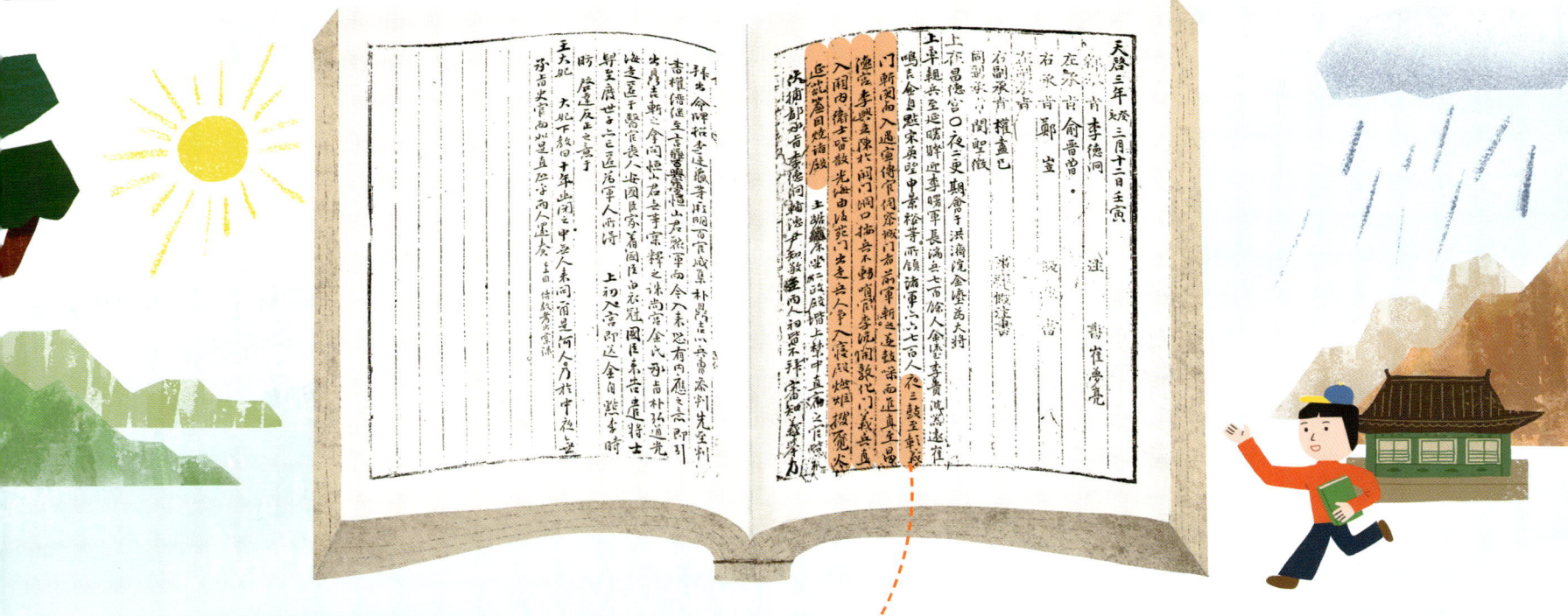

밤 3경에 창의문에 이르러 빗장을 부수고 들어가다가 성문을 사찰하는 선전관을 만났다. 전군이 그를 참수하고 드디어 북을 울리며 진입하여 곧바로 창덕궁에 이르렀다. 이흥립(李興立)이 궐문 어귀에 진을 치고 군사를 단속하여 움직이지 못하게 하였다. 초관 이항(李沆)이 돈화문을 열어 의병이 바로 궐내로 들어가자 위사들은 모두 흩어지고 광해(光海)는 후원의 문을 통하여 달아났다.
군사들이 앞을 다투어 침전으로 들어가 횃불을 들고 수색하다가
불이 연렴에 옮겨붙는 바람에 여러 궁전이 불탔다.

– 인조 1년(1623년) 3월 12일

> 이 기사는 1623년 인조반정(광해군을 쫓아내고 인조가 왕위에 오른 사건)이 일어나는 첫 순간을 기록한 부분이에요. '반정'이란 옳지 못한 임금을 폐위하고 새 임금을 세워 나라를 바로잡는 것이에요.

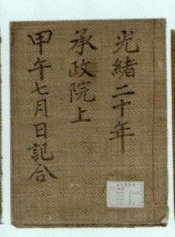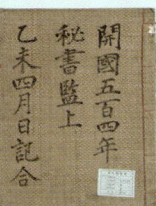

《승정원일기》

조선왕조 의궤

조선 왕실의 의례와 행사 백과사전 [2007년 등재]

서울대학교 규장각·한국학중앙연구원 장서각 등 소장

《의궤》는 혼인, 장례, 연회, 건설, 행차 등 조선왕조가 600여 년간 치른 다양한 의례와 행사에 관한 기록물이에요. 의례 및 행사 준비와 과정, 의식과 절차, 소요 물품 등이 글과 그림으로 상세하게 설명되어 있어요. 《의궤》에는 각종 그림, 설계도, 심지어 15미터가 넘는 반차도(참가자들의 정해진 위치나 행사 장면 등이 그려진 두루마리 형태의 긴 그림) 등이 포함되어 당시 의례의 모습을 생생하게 보여 주고 있어요. 하지만 조선 전기에 만들어진 《의궤》는 임진왜란으로 모두 불타 버려 현재 남아 있는 《의궤》는 1601년부터 만들어진 것으로 모두 3,895권이에요. 《의궤》는 시기별, 주제별로 구분하여 보관했고, 어람용과 분상용 두 가지로 만들었어요. 임금에게 보이기 위해 고급스럽게 만든 어람용 의궤는 강화도의 외규장각에 따로 보관했어요. 다음 행사에 참고하기 위한 기록인 분상용 의궤는 보통 5~8부 정도 제작하여 관련 기관에서 보관했어요.

《의궤》는 기록의 규모와 기간이 방대하고 상세하며, 국가 공인 전문 화가와 당대 최고의 서예가들의 손으로 기록되었어요. 또한 조선 후기 인쇄된 일부 책을 제외하면 대부분 손으로 베껴 쓴 것으로, 내용은 같지만 하나하나 다르게 만들어진 원본이지요. 이러한 우수성을 인정받아 조선왕조 《의궤》는 2007년 세계 기록 유산에 등재되었어요.

145년 만에 돌아온 《의궤》

1866년 프랑스군이 강화도에 침입해 외규장각을 약탈했어요. 외규장각과 함께 5,000여 권의 책이 불탔는데, 프랑스군은 《의궤》만은 상자에 실어 프랑스로 가져갔어요. 그 후 행방을 알 수 없었던 《의궤》는 박병선 박사의 노력으로 1975년 프랑스 국립 도서관 베르사유 별관 창고에서 발견되었어요. 이후 수십 년간 프랑스와 협상 끝에 2011년 6월 대여 형식으로 외규장각 《의궤》 297권을 돌려받았어요. 145년 만의 귀환이었어요.

화성 건설의 모든 기록 《화성성역의궤》

총 10권으로 된 《화성성역의궤》는 1794년 1월부터 1796년 8월까지 진행된 화성 건설의 모든 내용이 기록되어 있어요. 책에는 화성 건설의 계획서, 왕의 지시 사항, 현장에서 올라온 보고서, 공사 진행 절차, 포상 규칙, 물품의 종류와 수량, 비용, 기술자 수와 이름, 일한 날짜, 급여 등이 빠짐없이 기록되어 있어요. 또한 성을 짓는 데 사용된 기계와 도구, 성벽과 성문의 설계도 등이 그림으로 모두 남아 있어요.

《효장세자책례도감의궤》 어람용(왼쪽)과 분상용(오른쪽)

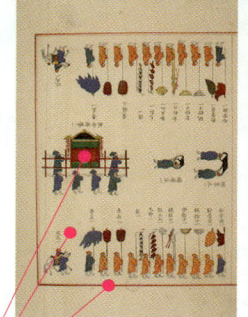 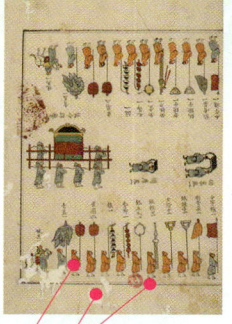

붉은색 안료로 선을 그렸어요. 최고급 종이를 사용했어요. 붓으로 세밀하게 그리고 채색했어요.

먹으로 선을 그렸어요. 질이 낮은 종이를 사용했어요. 반복되는 인물이나 사물은 도장으로 만들어서 찍었어요.

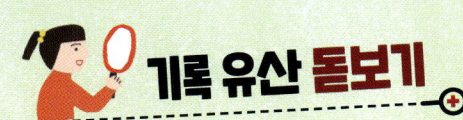

기록 유산 돋보기

왼쪽 장면은 금도부장과 군사, 소환, 집사가 어보(임금의 도장)를 가마에 모시고 가는 모습이에요. 오른쪽 장면은 왕비가 탄 연(가마)이 지나가는 모습이에요. 가마 양옆으로 상궁과 시녀가 말을 타고 함께 가고 있어요.

왕의 결혼식을 기록한 《가례도감의궤》

1638년(인조 16년) 12월에 인조가 장렬 왕후를 맞아 가례(왕족의 결혼 의식)을 올렸어요. 《인조장렬왕후가례도감의궤》는 그때 가례의 절차를 기록한 책이에요. 이 책에 실린 〈중궁전자별궁예궐시반차도〉는 예식을 치른 왕비가 별궁에서 대궐로 나아갈 때의 행렬을 그린 것이지요. 위 그림은 그중 일부예요.

숙종현의광륜예성영렬장문헌무경명원효대왕*은 경자년 6월 8일 진시에 경덕궁의 융복전에서 승하하셨다. 같은 달 13일 묘시에 문무백관이 상복을 입었다. 빈전은 자정전으로 하였다. 10월 20일 축시에 발인을 하고 사시에 산릉 정자각에 신주를 봉안하였다. 21일 진시에 하관했다. 사시에 길유궁에서 제사를 지냈다. 그 후 창경궁 문정전에 신주를 모셨다. 묘호는 숙종, 전호는 효령, 능호는 명릉으로 고양에 있다. 경자년 6월 8일 이조에서 보고서를 올린다.

《숙종국장도감의궤》

1720년 숙종이 세상을 떠난 후 거행된 국장 의식의 과정과 절차를 기록했어요.

*숙종의 시호. 시호란 왕이 죽은 뒤 그 공덕을 칭송하여 붙인 이름.

불교 연구의 귀중한 자료 · 2007년 등재

고려대장경판 및 제경판

해인사 소장

'팔만대장경'으로 더 널리 알려진 고려대장경은 부처님의 가르침인 '경', 불교의 계율인 '율', 고승과 학자들의 경전 해석인 '논'을 모은 불교 경전 전체를 일컫는 말이에요. 이 고려대장경을 찍어 낼 수 있는 목판인 고려대장경판(1237~1248년 제작)은 모두 81,258판으로 해인사에 보관되어 있어요. 각 판은 앞뒤로 글이 새겨져 있어 책의 분량은 두 배인 16만여 페이지에 이르며, 글자 수로는 5,200만 자 정도예요. 고려대장경판은 현재 전하는 전 세계 불교 대장경판 중 가장 오래되고 정확하다고 평가받아요.

해인사에는 국가에서 만든 8만여 판의 고려대장경판 외에도 사찰에서 따로 제작한 5,987판의 경판(1098~1958년 제작)이 함께 보관되어 있는데 이것을 '제경판'이라고 불러요. 고려대장경판을 보완하기 위해 만든 제경판에는 다양한 경전과 해석서가 있는데 그중에는 전 세계에서 유일한 판본도 여럿 있어요.

고려대장경은 고려의 수준 높은 불교 지식과 문화, 당대 세계 최고의 목판 제작술이 어우러진 결과물로 수백 년 동안 여러 차례에 걸쳐 간행되었어요. 중국, 일본을 비롯한 이웃 나라에 전해지며 동아시아 불교 문화의 수준을 한 단계 높였어요. 1248년 완성된 이후 지금까지 770년이 넘는 시간 동안 전쟁과 화재 등을 이겨 내고 완벽하게 보존되었지요. 덕분에 고려대장경판과 제경판은 현대 불교 연구에 없어서는 안 될 중요한 자료가 되었고, 2007년 세계 기록 유산에도 등재되었어요.

고려대장경은 왜 만들었을까요?
대장경을 일컫는 말은 여러 가지예요. 고려에서 만든 대장경이란 뜻의 고려대장경, 그 수가 8만여 장이라 하여 팔만대장경, 첫 대장경(초조대장경)이 몽골의 침입으로 불탄 후 다시 만들었다 하여 재조대장경이라고도 불러요. 고려대장경 제작은 최씨 정권의 집권자인 최우의 명으로 시작되었어요. 불교를 중심으로 고려인의 마음을 하나로 모아 몽골에 맞서기 위해서였지요. 대장경을 다시 만드는 일은 승려, 관리, 기술자, 일반 백성 등 수천 명이 참여한 대규모 국가사업이었어요. 한 글자 새길 때마다 절을 한 번 올렸다는 말이 전할 만큼 정성을 다해 만들었어요.

600년간 대장경판을 지켜 온 장경판전
해인사 장경판전은 매우 특별한 건물이에요. 목판 보관을 위해 여러 장치를 해 두었기 때문이죠. 목판을 변형 없이 오래도록 보존하기 위해서는 계절이나 날씨에 관계없이 실내 온도와 습도가 균일하게 유지되어야 해요. 이를 위해 일사량, 빗물 배수, 바람길, 땅 다짐, 건물 위치 및 배치, 창호 크기와 위치, 경판 거치대 등을 모두 고려해 만들었어요. 덕분에 대장경판은 수백 년이 넘는 시간 동안 원래 모습 그대로 보존될 수 있었어요.

임진왜란과 6.25 전쟁을 이겨 낸 고려대장경판
고려대장경판은 지금까지 많은 사람들의 노력으로 지켜 냈어요. 임진왜란 때는 해인사와 인근 사찰의 승려 1,000여 명이 의병들과 힘을 합쳐 일본군에 맞서 목숨 걸고 지켰어요. 6.25 전쟁 때는 해인사를 비롯한 가야산 일대 사찰이 폭격의 위기에 처했어요. 하지만 고려대장경판과 해인사의 가치를 잘 알고 있었던 김영환 대령에 의해 폭격을 피할 수 있었어요. 해인사는 이때의 고마움을 공덕비에 새겨 김영환 대령의 공덕을 기리고 있어요.

기록 유산 돋보기

《법구경》은 인도 승려 법구가 부처님의 말씀과 뜻을 시로 엮은 책이에요. '무상품'이란 생명이든, 재물이든 영원한 것은 없다는 뜻으로, 탐욕을 버리고 부처님의 가르침에 귀를 기울이라는 이야기를 하고 있어요.

《반야바라밀다심경》은 팔만대장경의 법문을 260자로 요약한 경전이에요. 줄여서 《반야심경》이라고도 해요. 공(空) 사상을 나타내는 가장 유명한 문구 '색즉시공 공즉시색'이 들어 있어요.

색불이공(色不異空)
공불이색(空不異色)
색즉시공(色卽是空)
공즉시색(空卽是色)

물질이 공과 다르지 않고, 공이 물질과 다르지 않으며, 물질이 곧 공이요, 공이 곧 물질이다.
- 《반야바라밀다심경》 1권 중에서

무상품이란 탐욕으로 인하여 어둡고 어지러워지게 되었음을 깨닫게 하는 것이다. 영화와 목숨은 보전하기 어려운 것이요, 오직 도(道)만이 참답다는 것을 말한 것이다. 잠에서 깨어나라. 마땅히 기쁘게 생각하며 내 말을 듣고 부처님 말씀을 기록하라."
- 《법구경》 상권 무상품 21장 중에서

동의보감

가장 독창적이고 대중적인 의학서 `2009년 등재`

국립중앙도서관 · 한국학중앙연구원 장서각 소장

허준이 지은 《동의보감》은 한국을 대표하는 종합 한의서예요. 이 책에는 한국, 중국 등 동아시아에서 2,000여 년간 발전하고 이어진 의학 지식과 치료법 등이 총망라되어 있어요. 임진왜란 중 선조가 국가 의료 사업으로 의학서 편찬을 명하였고, 허준의 노력 끝에 1610년 《동의보감》이 완성되었지요. 17세기에 공공 의료와 예방 의학을 목적으로 전문적이면서도 쉽게 만들어진 의서는 《동의보감》이 최초였어요. 이런 점은 세계 의학의 역사에서도 중요하게 여겨지지요. 또한 《동의보감》은 독창적인 분류법으로 질병의 원인과 증상, 진단과 처방법, 약재 등을 체계화해서 편집했는데 이는 다른 의서에서는 볼 수 없는 고유한 특징이에요.

《동의보감》은 모두 25권으로 이루어져 있어요. 내과를 다룬 〈내경편〉 4권, 외과를 다룬 〈외형편〉 4권, 유행병·일상 질환·산부인과·소아과 등을 다룬 〈잡병편〉 11권, 약재와 치료에 대한 〈탕액편〉 3권, 〈침구편〉 1권과 목록 2권이지요. 책에서 다루는 병증은 2,000여 개, 처방은 4,000여 종, 다루는 약물만 해도 1,200가지가 넘어요. 《동의보감》은 세계 기록 유산인 동시에 현재에도 활발히 활용되는 가장 대중적인 한의서예요.

의성 허준(1539~1615)

허준은 의성(의학의 성인)으로 불릴 만큼 한의학사에 있어 그 업적이 탁월해요. 양천 허씨 집안의 서자로 태어난 허준은 당상관인 유희춘의 종기를 치료하는 등 젊은 시절부터 의학에 매우 뛰어났어요. 실력을 인정받아 궁의 내의원에 들어갔고 왕자인 광해군의 두창을 치료하며 주목을 받았어요. 의서를 만들고 왕실의 병을 치료하던 중 임진왜란이 일어나자 끝까지 선조를 따르며 선조와 세자인 광해군의 병을 고쳤어요. 선조는 허준을 공신으로 책봉했어요. 그 후 선조가 죽자 어의로서 책임을 지고 유배를 떠나지만 유배 동안 불후의 의서인 《동의보감》을 만들었어요. 광해군은 허준이 세상을 떠나자 정1품 보국숭록대부라는 최고의 작위를 내렸어요.

세 가지 집필 원칙

《동의보감》이 오늘날에도 높이 평가받는 이유 중 하나는 허준의 세 가지 집필 원칙 때문이에요. 첫째, 병을 고치기에 앞서 수명을 늘리고 병이 걸리지 않도록 하는 방법을 중요하게 여겼어요. 현대 의학보다 400년 앞서 예방의 중요성을 이해했던 것이에요. 둘째, 중국과 한국의 무수히 많은 의서와 처방의 요점만 간추렸어요. 덕분에 중국과 조선의 의학이 통합 정리되고 현대적으로 편집되었지요. 셋째, 국산 약을 널리, 쉽게 쓸 수 있도록 약초 이름에 백성들이 부르는 이름을 한글로 썼어요. 이처럼 《동의보감》이 자주성, 대중성, 편의성을 고려하여 만들어졌다는 것을 알 수 있어요.

《동의보감》

기록 유산 돋보기

〈내경편〉 1권의 신형장부도(身形藏府圖) 그림

옛 의원들은 사람은 자연의 일부이므로 사람 몸은 자연의 원리를 지니고 있다고 생각했어요. 허준은 당나라 의학자 손진인의 말을 빌려 신체와 자연물을 하나씩 연결하고 있어요.

손진인이 말했다. "천지에서 존재하는 것 가운데 사람이 가장 귀중하다. 둥근 머리는 하늘을 닮았고 네모난 발은 땅을 닮았다. (…) 하늘에 이십사기(二十四氣)가 있듯이 사람에게는 24개의 수혈이 있고, 하늘에 365도가 있듯이 사람에게는 365개의 골절이 있다. 하늘에 해와 달이 있듯이 사람에게는 두 눈이 있고, 하늘에 밤과 낮이 있듯이 사람은 잠이 들고 깨어난다. 하늘에 우레와 번개가 있듯이 사람에게 희로(喜怒)가 있고, 하늘에 비와 이슬이 있듯이 사람에게는 눈물과 콧물이 있다. 하늘에 음양이 있듯이 사람에게는 한열(寒熱)이 있고, 땅에 샘물이 있듯이 사람에게는 혈맥이 있다. 땅에서 풀과 나무가 자라나듯 사람에게는 모발이 생겨나고, 땅속에 금석(金石)이 묻혀 있듯이 사람에게는 치아가 있다. 이 모든 것은 사대(四大)와 오상(五常)을 바탕으로 하여 잠시 형(形)을 빚어 놓은 것이다."
– 〈내경편〉 1권 중에서

붕어

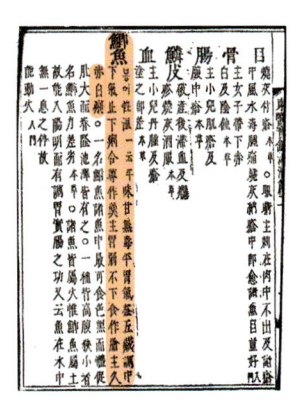

성질이 따뜻하고, 평(平)하다고도 한다. 맛은 달며 독이 없다. 위기(胃氣)를 고르게 하고 오장을 보하며, 속을 고르게 하고 기를 내리며, 이질을 멎게 한다. 순채를 넣어 국을 끓인 것은 위(胃)가 약해 음식이 내려가지 않는 데 쓰고, 회를 친 것은 구리와 적백리를 치료한다.
– 〈탕액편〉 2권 중에서

〈탕액편〉에는 약재로 쓸 수 있는 다양한 재료와 각각의 효과를 소개하고 있어요. 물, 풀과 나무, 곡식, 과일은 물론이고 짐승과 벌레, 심지어 돌과 금속도 약재로 쓰여요.

일성록

하루하루를 되돌아보는 국정 일기  2011년 등재

서울대학교 규장각 소장

"옛날을 보는 것은 지금을 살피는 것만 못하고, 남에게서 구하는 것은 자신에게서 반추하는 것만 못하다."《일성록》서문에 실린 글이에요. 《일성록》은 '하루를 반성한다'는 뜻을 가진 왕의 일기예요.

《일성록》을 처음 쓴 사람은 정조였어요. 세손 시절인 1760년부터 쓰기 시작한 일기는 1776년 왕이 된 이후에도 계속 썼어요. 그 이후의 왕들도 1910년까지 151년간 지속적으로 일기를 남겨, 그 분량만 하더라도 2,329권에 달해요. 《일성록》은 《조선왕조실록》, 《승정원일기》와 더불어 조선의 3대 국정 기록물로 불릴 만큼 중요한 기록이에요. 개인의 일과와 감정을 담아 쓴 보통의 일기와 달리 독서, 경연 등 국왕의 교육과 수양, 국정 회의, 상소, 보고서, 판결문 등 그날그날의 국정 상황이 적혀 있어 국정 일지에 가까워요.

정조 이후에는 국왕이 스스로 쓰지 않고 규장각 관원이 매일 일기를 쓴 다음 5일에 한 번 정리해서 국왕에게 결재를 받았어요. 왕이 직접 쓰거나 확인, 검토하는 국정 일기는 봉건 군주 시대 어느 나라에서도 찾아보기 힘든 독특한 방식이었어요. 특히 일기에는 조선의 이야기만 있는 것이 아니라 18~20세기 동서양의 정치, 문화 교류에 대한 내용과 인식이 담겨 있어 세계사적으로도 중요한 기록물이지요.

정조가 두 달 넘게 일기를 쓰지 못한 까닭은?

《일성록》은 매일 쓰는 일기지만 때때로 내용이 없는 날짜가 보여요. 감기에 걸리는 등 몸이 아파 쉴 때는 여러 날 빠지기도 해요. 그런데 정조가 11살인 1762년에는 특별한 사건이 일어나 두 달 넘게 일기를 쓰지 못했어요. 아버지 사도 세자가 뒤주에 갇혀 죽은 임오화변(1762년 윤5월 13일)이 일어났기 때문이에요. 어린 정조에게 매우 슬프고 충격적인 일이어서 두 달이 넘도록 일기를 쓰지 못했어요. 정조가 다시 일기를 쓰기 시작한 것은 8월 3일부터였어요.

《일성록》에 기록된 천재와 천재의 만남

《일성록》에는 당대 최고의 천재로 불린 이가환과 천재 군주 정조의 만남이 기록되어 있어요. 1778년 2월 14일 정조는 제술(글짓기) 시험에서 1등을 한 이가환을 불러 정치, 경제, 천문, 역사, 지리, 제도, 인물, 군사 등 40여 가지의 다양한 질문을 했는데 어느 하나 막힘없이 대답하여 정조가 매우 기뻐했어요. 이가환은 정약용과 더불어 정조가 특히 아꼈던 인물로 《일성록》에 500여 번이나 이름이 언급되었어요.

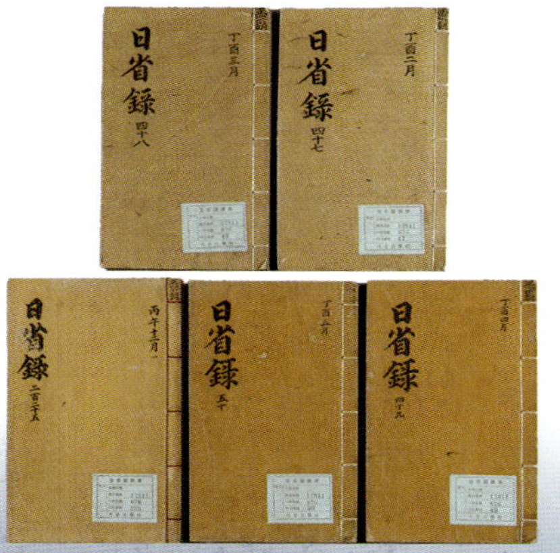

《일성록》

기록 유산 돋보기

강관을 보내어 육상궁에 나아가 대전께 문안하게 하였다. 상(上)께서 태묘와 육상궁에 나아가 참배하고, 교동(校洞)과 생동(生洞)의 공주 집을 둘러보셨기 때문이다. 근독합에서 강학하였다. 좌찬독* 이휘중, 좌장사* 조재한이 참석하였다. 《소학》을 공부했다.

— 영조 36년(1760년) 1월 1일

*좌찬독 : 왕세손의 교육을 맡은 관직.
*좌장사 : 왕세손의 호위를 맡은 관직.

사도 세자에게 제사를 올리는 절차와 혜빈궁에게 공물을 바치는 예절을 대신에게 물어 의논하라고 명하였다. 하교하기를, "아, 과인은 사도 세자의 아들이다. 선대왕께서 왕의 혈통을 잇는 막중함을 위하여 나에게 효장 세자의 뒤를 이으라고 명하셨다. 아, 전일에 선대왕에게 올린 글에서 근본을 둘로 할 수 없다는 나의 뜻을 크게 볼 수 있었을 것이다. 예(禮)는 비록 엄격하게 하지 않을 수 없지만, 정(情)도 역시 펴지 않을 수 없다……." 하였다.

— 정조 즉위년(1776년) 3월 10일

> 사도 세자와 혜빈궁은 정조의 아버지와 어머니예요. 사도 세자는 아버지(영조)의 눈 밖에 나 뒤주에 갇혀 비참하게 죽었고 이로 인해 부인인 혜빈궁(혜경궁 홍씨) 역시 왕비가 되지 못했어요. 정조는 왕이 되자마자 사도 세자의 명예를 회복하고 혜빈궁에게는 자식 된 도리를 다하겠다는 뜻을 밝혔어요.

> 영조 때 《일성록》도 세손이었던 정조가 썼어요. 영조를 '상(上)'이라고 부르고, 자신은 '여(予)'로 불렀어요. 육상궁은 영조의 어머니를 모신 사당이며, 근독합은 정조가 세손 시절 공부하던 곳이에요. 강학이란 왕이나 세자, 세손이 받은 수업을 말해요.

1980년 인권 기록 유산 [2011년 등재]
5.18 광주 민주화 운동 기록물
국가기록원·광주광역시·5.18기념재단·국회도서관·국방부·미국 국무성 소장

1980년 5월 18일부터 5월 27일 사이 광주에서 일어난 5.18 민주화 운동(이하 5.18)과 관련 있는 기록물을 말해요. 먼저 정부와 광주시청 등 국가 기관이 만든 문서, 군사 재판 자료, 시민들이 만든 성명서와 선언문이 있어요. 또한 신문사 기자들이 주로 찍은 사진 필름, 일기나 음성 파일로 남은 시민들의 기록과 증언, 피해자 병원 치료 기록, 국회의 5.18 진상 규명 회의록, 국가의 피해자 보상 자료, 미국의 5.18 관련 비밀해제 문서까지 포함돼요. 모두 합치면 문서가 85만 8,900여 페이지, 필름은 2,017개로 방대한 규모예요.

5.18은 어떤 사건일까요? 박정희 대통령 사망 후 쿠데타로 권력을 잡은 전두환은 민주화 요구를 저버리고 오히려 계엄령을 통해 시민들을 억압했어요. 그리고 이에 저항하는 광주 시민들을 총칼로 짓밟았지요. 공식 사망자와 행방불명자만 300명이 넘고 부상자는 수천 명에 이르는 엄청난 희생을 치른 5.18은 민주주의와 인권을 지키기 위해 국가 권력에 맞선 시민 정신을 보여 주었어요. 또 아시아 여러 나라의 민주주의 발전에 큰 영향을 끼쳤어요. 특히 '진상 조사', '가해자 처벌', '명예 회복', '보상', '기념사업'이라는 다섯 가지 원칙은 인권 침해에 대한 보상 규칙을 결정하는 세계적인 기준이 되었어요.

〈임을 위한 행진곡〉

"사랑도 명예도 이름도 남김없이, 한평생 나가자던 뜨거운 맹세. 동지는 간데없고 깃발만 나부껴……." 노래 〈임을 위한 행진곡〉의 가사예요. 5.18 당시 시민군 대변인인 윤상원과 들불야학에서 활동했던 박기순의 영혼결혼식을 위해 만들어진 노래였어요. 신군부*는 이 노래를 금지시켰지만 시민들 사이에 퍼져 나가며 5.18을 대표하는 노래가 되었어요. 백기완의 시 〈묏비나리〉를 황석영 작가가 고쳐 가사를 만들고 전남대 학생이었던 김종률이 작곡했어요. 지금도 해마다 5월이면 여러 행사에서 희생된 시민들을 추모하는 의미로 불리고 있어요.

*신군부 : 당시 전두환과 함께 권력을 잡은 군대 안의 집단.

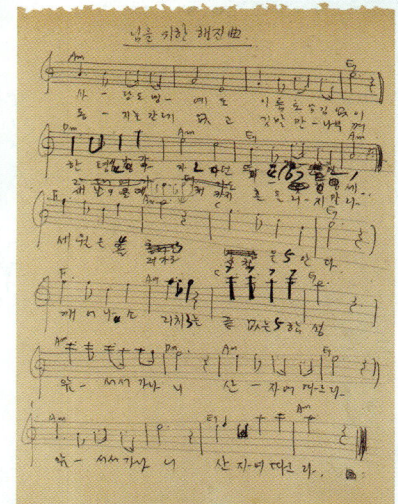

〈임을 위한 행진곡〉 악보

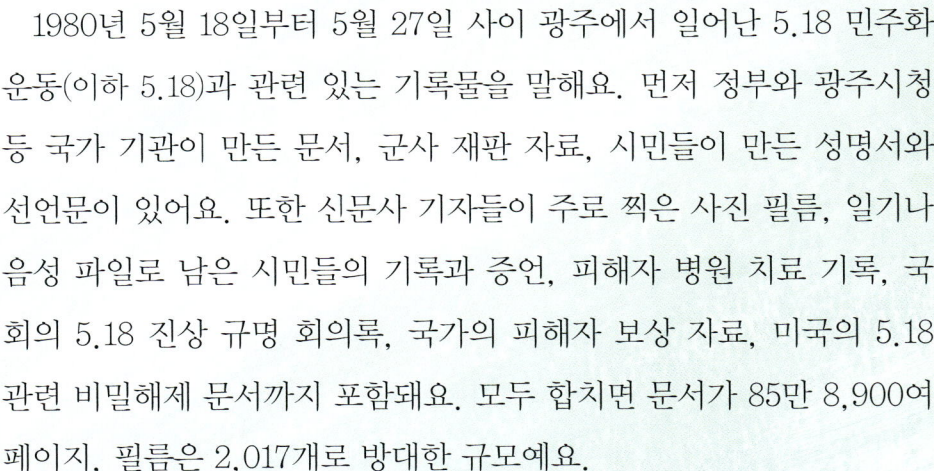

기록 유산 돋보기

"아아, 광주여 우리나라의 십자가여!" 1980년 6월 2일 전남매일신문에 실린 김준태의 시, 검열 전(왼쪽)과 검열 후(오른쪽)

전두환과 군인들은 5.18이 전국적으로 알려질까 두려워 언론에 소식이 나오는 걸 막거나 왜곡했어요. 이 신문 보도는 언론 검열을 보여 주는 중요한 자료가 되었어요.

시민을 폭행하는 공수 부대원

1980년 5월 19일 금남로 가톨릭센터 앞에서 시민 박남규가 공수 부대 의무병에게 몽둥이로 맞고 있는 사진이에요. 군인을 치료하는 의무병마저 시민을 폭행하는 끔찍한 일이 벌어진 거지요. 병원에 쓰러져 있는 동생을 본 형 박남선은 시민군 상황실장이 되어 계엄군에 끝까지 맞섰다고 해요.

옛 전남도청 앞 집회

5월 14일부터 16일까지, 학생과 시민들은 전라남도 도청 앞 분수대에 모여 신군부를 반대하고 민주화를 기원하는 집회를 열었어요.

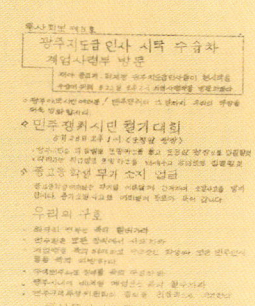

박용준 투사회보

박용준은 광주 YWCA 신용협동조합의 간사이자 들불야학의 교사였어요. 그는 언론이 5.18의 진실을 보도하지 않자 직접 '투사회보'라는 시민 소식지를 만들었어요. 평소에도 글과 글씨를 잘 썼던 그는 직접 손으로 소식을 썼고 투사회보는 10호까지 발행되어 시민들의 눈과 귀가 되었어요. 투사회보에 쓰인 글씨는 2021년 '박용준 투사회보체'라는 글꼴로 다시 태어났답니다.

난중일기

이순신 장군의 전쟁 일기 **2013년 등재**

현충사 소장

　《난중일기》는 임진왜란(1592~1598) 동안 일어난 일을 기록한 이순신 장군의 일기로 모두 8권, 약 13만 자로 이루어져 있어요. 조선 수군의 최고 지휘관인 이순신 장군은 바쁜 와중에도 거의 빠뜨리지 않고 날마다 일기를 썼어요. 가족과 친구에 대한 개인적인 이야기부터 공무를 보고 병사를 훈련시킨 일, 나라와 백성에 대한 근심과 사랑, 전투에 나서서 일본군과 싸운 장면들이 생생하게 일기에 담겨 있어요. 때로는 시를 써서 그날의 마음을 표현하곤 했어요. 특히 전략 회의나 훈련 내용, 전투 준비와 전투 과정이 일기에 구체적이고 상세히 표현되어 있어 어떤 기록보다도 임진왜란을 잘 이해할 수 있는 훌륭한 역사 사료로 평가받아요.

　《난중일기》는 임진왜란에 관한 전쟁 기록 중 해전* 전체를 다룬 유일한 기록이에요. 더군다나 해군 사령관이 7년이라는 긴 시간 동안 전쟁 중에 일기를 남긴 것은 세계적으로도 찾아볼 수 없는 아주 특별한 일이에요. 또한 총과 대포 등 근대 무기의 활용과 거북선·판옥선을 이용한 전술이 상세히 기록되어 있어 세계 해전사 연구에 귀중한 자료가 되었어요. 또한 임진왜란이 한국과 일본, 중국은 물론 동남아시아와 유럽 용병까지 참여한 국제 전쟁임을 증명하는 정치 외교적 기록물로서도 가치를 인정받았어요.

*해전 : 바다에서 하는 전투.

200년이 지나 붙여진 이름 '난중일기'

'난중일기'는 이순신 장군이 붙인 이름이 아니에요. 일기의 처음 제목은 연도를 따서 임진일기(1592), 계사일기(1593), 갑오일기(1594), 을미일기(1595), 병신일기(1596), 정유일기(1597), 무술일기(1598)였어요. 정조(재위 1776~1800)는 나라를 구한 이순신을 크게 평가하며 그와 관련한 글을 모두 모아 책을 만들 것을 명했어요. 규장각에서 이 일을 맡아 1795년(정조 19년) 《이충무공전서》를 완성했어요. 그리고 그때 이순신의 일기를 모아 《난중일기》라 했어요. 그때부터 이순신의 일기는 '난중일기'로 불리게 되었어요.

귀중한 날씨 기록

일기를 쓴 1,593일 중 42일을 뺀 나머지 날에는 모두 날씨가 적혀 있을 만큼 이순신 장군은 날씨를 중요하게 여겼어요. 바다에서 날씨는 생명과 직결되기 때문이지요. "아침에 흐리다가 저녁에 비가 내렸다."와 같이 날씨가 변하는 날은 특히 더 신경을 썼죠. 이를 흥미롭게 여긴 학자들은 《난중일기》의 7년 기록(1592~1598)과 여수 기상대의 30년 기록(1991~2020)을 비교해 보았어요. 놀랍게도 400여 년의 차이에도 불구하고 연간 평균 강수일수(약 90~100일)와 장마 시기(6월 14일~7월 17일), 주로 비 내리는 시간(야간) 등에 거의 차이가 없었어요.

《난중일기》

기록 유산 돋보기

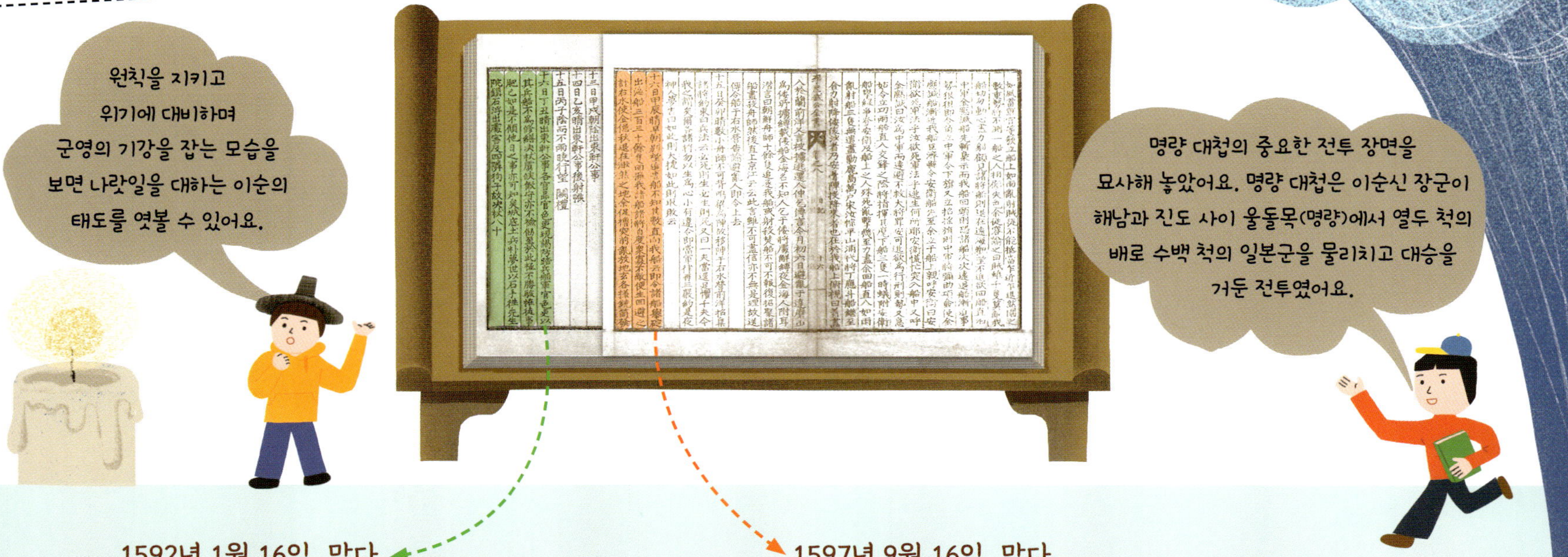

원칙을 지키고 위기에 대비하며 군영의 기강을 잡는 모습을 보면 나랏일을 대하는 이순의 태도를 엿볼 수 있어요.

명량 대첩의 중요한 전투 장면을 묘사해 놓았어요. 명량 대첩은 이순신 장군이 해남과 진도 사이 울돌목(명량)에서 열두 척의 배로 수백 척의 일본군을 물리치고 대승을 거둔 전투였어요.

1592년 1월 16일, 맑다

동헌에 나가 공무*를 봤다. 각 고을의 벼슬아치와 색리* 등이 인사하러 왔다. 방답*의 병선을 맡은 군관들과 색리들이 그들 병선을 수리하지 않았기 때문에 곤장을 쳤다. 우후*·가수*도 역시 점검하지 않아서 이 지경에까지 된 것이니 해괴하기 짝이 없다. 공무를 어쭙잖게 여기고, 제 몸만 살찌려 들며 이와 같이 돌보지 않으니, 앞날의 일을 알 만하다. 성 밑에 사는 박몽세는 석수인데, 선생원*에 쓸 돌을 뜨는 곳에 가서 해를 끼치고, 이웃집 개에까지 피해를 입혔으므로 곤장 여든 대를 쳤다.

*공무 : 나랏일. *색리 : 곡물 담당 공무원.
*방답 : 여수의 수군 기지 이름. *우후 : 고급 장교.
*가수 : 임시 직원. *선생원 : 전라 좌수영 북쪽에 있는 공공 기관.

1597년 9월 16일, 맑다

아침에 별망군이 나와서 보고하는데, "적선이 헤아릴 수 없을 만큼 많이 곧장 우리 배를 향하여 옵니다."라고 했다. 곧 여러 배에 명령하여 닻을 올리고 바다로 나가니 적선 330여 척이 우리의 여러 배를 에워쌌다. 여러 장수들이 대적하지 못하겠다며 돌아서 피할 궁리만 했다. 우수사 김억추는 물러나 아득히 먼 곳에 있었다. 나는 노를 바삐 저어 앞으로 돌진하여 지자포·현자포 등 각종 총통을 어지러이 쏘아 대니, 마치 나가는 게 바람과 우뢰 같았다. 군관들이 배 위에 빽빽이 서서 빗발치듯이 쏘아 대니, 적의 무리가 다가왔다 물러갔다 했다.

농촌 개발 사업의 세계적 모델 [2013년 등재]
새마을 운동 기록물
국가기록원·새마을운동중앙회 소장

우리나라는 20세기에 식민 지배를 겪은 뒤 짧은 시간 안에 경제 발전과 민주화를 이룩했어요. 5.18 광주 민주화 운동 기록물이 민주주의 발전에 대한 기록물이라면, 새마을 운동 기록물은 빈곤국이자 개발 도상국이었던 대한민국의 빛나는 경제 발전을 증명하는 기록물이라 할 수 있어요. 1970년대 근면, 자조, 협동 정신을 내세운 새마을 운동은 "잘 살아 보세!"라는 구호를 바탕으로 전국적으로 벌인 농촌 살리기 운동이었어요. 새마을 운동이 시작되고 약 10년 동안 농촌의 평균 소득은 825달러에서 4,602달러로 5배 이상 껑충 뛰어 세계를 놀라게 했지요. 6.25 전쟁을 겪고 난 폐허 위에서 빠른 경제 발전을 이루었기에, 한국의 성장은 그 자체로 전 세계 빈곤 국가와 개발 도상국들의 성공 모델이 되었어요.

새마을 운동 기록물이란 이 과정에서 정부, 새마을 지도자 연수원 등의 여러 기관 또는 새마을 지도자나 마을 주민 같은 개인이 만들어낸 22,000건이 넘는 방대한 자료를 말해요. 편지, 선언문, 자료집, 회의록, 공문서, 사진, 영상 등 다양한 형태로 이루어져 있어요. 국가기록원은 정부 기관이 생산한 자료를 소장하고 있고(14,647건), 새마을운동중앙회는 새마을 교육 관련 자료와 전국 마을 단위에서 생산한 자료를 소장하고 있어요(7,437건).

바뀌어 간 농촌의 모습
전국 농촌 마을에서는 아침이면 어김없이 〈새마을 노래〉가 울려 퍼졌어요. 마을 사람들은 한데 모여 체조를 하고 마을 구석구석을 청소했어요. 그리고 정부에서 준 시멘트를 이용해 흙길을 시멘트 길로 포장하고 마을 공동 창고를 지었어요. 초가집 지붕은 슬레이트 지붕으로 바꾸고 황토 대신 시멘트로 집을 지었어요. 열심히 일하는 마을은 정부에서 더 많은 시멘트와 철근을 주니 마을끼리 경쟁을 벌이기도 했어요. 새마을 운동 10년 만에 마을마다 전기가 들어오고 전화도 설치되기 시작했어요. 경운기를 비롯한 다양한 농기계도 마을에 보급되었고 가난했던 농촌이 몰라보게 발전했어요.

세계에 수출하는 새마을 운동
농촌 혁신의 성공적 모델인 새마을 운동은 아프리카, 동남아시아 등 70여 개국에 수출되었어요. 유엔 세계 식량계획은 대한민국 정부와 함께 르완다와 네팔에서 새마을 사업을 벌였고, 유엔 아시아태평양 경제사회위원회는 베트남·라오스·캄보디아에서 새마을 시범 사업을 진행했어요. 한국의 새마을운동중앙회는 전 세계 46개국과 '새마을 운동 글로벌 리그'를 만들어 새마을 사업을 확장하고 있어요.

기록 유산 돋보기

새마을 운동으로 달라진 전국 곳곳 마을의 담장과 지붕의 모습을 소개하고 있어요.

새마을 화보
1972년 대통령 비서실에서 제작하기 시작한 사진집.

우리의 다짐
1. 가정과 마을에서 내 자신이 근면, 자조, 협동하는 새마을 정신을 생활화하고 솔선수범하여 주민의 모범이 되겠다.
2. 우리 마을을 77년도까지는 기여코 자립마을로 만들어 놓고 말겠다.
3. 79년까지는 호당 소득 140만원을 달성하여 잘사는 마을로 만들겠다.
4. 우리 제2분임반원 상호간에 서신 연락을 통하여 서로 위로, 격려함으로써 우리 분임반에서 다짐한 새마을의 열기가 식지 않도록 그동안의 실적 소감을 알리도록 한다.

– 새마을지도자특별과정반 제6기 제2분임반 분임토의결과보고 중에서(1976년)

우리 온 국민이 함께 노력해서 안 될 것은 아무것도 없습니다. 문제는 우리가 얼마나 굳건한 주인의식을 가지고 튼튼히 뭉치느냐 하는 것입니다. 이제 우리는 '하면 된다'는 과거의 경험을 토대로 '함께 하면 더욱 더 잘된다'는 철리를 새로운 세기를 예비하는 우리 모두의 정신적 지주로 삼아 나갈 것을 여러분에게 강조하고자 합니다.

– 대통령 국정 연설문 〈21세기의 구상〉 중에서(1987년)

새마을 운동으로 경제적 발전을 이루자 많은 사람들이 자신감을 얻었어요.

한국의 유교책판

지식 공동체가 이루어 낸 출판 기록물 [2015년 등재]

한국국학진흥원 소장

'한국의 유교책판'은 조선 시대에 교육 기관과 가문 등에서 유교 관련 책을 찍어 내기 위해 만든 목판이에요. 305개 문중과 서원에서 한국국학진흥원에 맡긴 718종 64,226장이 세계 기록 유산으로 지정되었어요. 유교책판은 짧게는 60년, 길게는 550년간 각 서원과 문중이 지켜 온 기록물로 누가 언제 왜 만들었는지가 분명한 진본 기록물이에요. 엄격한 제작 과정을 거쳤기 때문에 잘못된 내용이나 거짓 내용은 처음부터 책판에 수록될 수 없었어요. 700종이 넘는 유교책판은 문학은 물론 정치, 경제, 사회, 문화 등 사회 전 분야를 다루고 있는데, 모든 내용이 공통적으로 유교의 가르침을 담고 있어요.

유교책판의 세 가지 특징은 공론, 공동체 출판 네트워크, 집단 지성이에요. 공론이란 당대 지식인 사회의 동의가 이루어져야 책으로 인정받는다는 것이에요. 말하자면 개인이 자기 마음대로 만든 책은 유교책판에 포함될 수 없다는 것이죠. 공동체 출판 네트워크란 책판과 책이 만들어지는 모든 과정을 문중과 서원, 지역 사회가 역할을 나누어 함께했다는 것이에요. 마지막으로 집단 지성이란 유교책판에 새겨진 학문적 성과가 다음 세대에 전해져 비판, 보완, 발전되고 또 그다음 세대에 전해지며 500여 년을 이어 왔다는 것이에요. 이러한 점들은 유교책판이 지닌 진정성과 고유성을 잘 보여 주지요.

책판의 재료와 형태

책을 찍기 위한 목판인 책판은 강도와 탄력이 좋으면서도 습기에 강하고 주위에서 쉽게 구할 수 있는 재료인 단풍나무와 박달나무가 주로 쓰였어요. 나무는 수분이 적은 늦가을이나 겨울에 베었다고 해요. 책판은 평균적으로 두께가 약 2~3센티미터이며, 판면(글을 새긴 면) 크기는 가로 약 47~67센티미터, 세로 약 18~27센티미터예요. 무게는 마구리(손잡이)를 포함하여 약 2킬로그램쯤 돼요. 유교책판은 고려대장경판에 비해 조금 작은 편이에요.

한 권의 책이 만들어지기까지

책판을 만들고 책을 인쇄하기까지는 시간과 비용이 매우 많이 들었어요. 보통은 6개월, 길게는 2년이 넘는 긴 시간이 필요했어요. 《퇴계선생문집》의 경우 2,500판을 새기고 32책, 11질을 인쇄했는데 4,143냥이 들었어요. 쌀값을 기준으로 본다면 7억 원이 넘고, 집값을 기준으로 보면 수십억 원이 넘는 엄청난 돈이 들어가는 사업이었어요. 간행 장소는 안동 봉정사였는데 내용을 확인하고 목판을 새기는 일에만 5개월이 걸렸어요. 이때 평균 25명의 학자와 각수 66명이 봉정사에 머무르며 일했어요. 참고로 각수 한 명이 판 하나를 새기는 데 약 3일이 걸렸다고 해요.

기록 유산 돋보기

《징비록》 책판

서애 유성룡이 임진왜란을 기록한 《징비록》(국보, 7책)과 다른 여러 가지 기록(6책)을 간행한 책판이에요. 전체 242장 중에서 현재 239장이 남아 있어요. '징비(懲毖)'란 '나의 잘못을 징계하여 앞날의 나쁜 일을 대비한다'는 뜻으로 임진왜란 때의 사건, 인물, 외교 등을 상세히 소개하고 있어요.

"이순신은 말과 웃음이 적었고, 용모는 단아하여 마음을 닦고 몸가짐을 삼가는 선비와 같았으나, 속에 담력과 용기가 있어서 자신의 한 몸을 돌보지 아니하고 나라를 위하여 목숨을 바쳤으니, 이는 곧 그가 평소에 수양을 했기 때문이었다. 그는 재간은 있었으나 운수가 없어서, 백 가지의 경륜 가운데서 한 가지도 뜻대로 베풀지 못하고 죽었다."

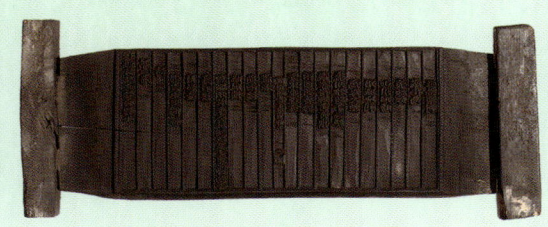

《퇴계선생문집》(경자본) 책판

퇴계 이황의 시문집인 《퇴계선생문집》(초간본) 27책을 간행한 책판으로, 1600년에 만들어졌어요. 현재 남은 책판은 모두 709장이며, 보물로 지정되었어요. 이 책판은 영남 지역 책판의 모범 사례로 손꼽혀요. 퇴계 이황은 율곡 이이와 더불어 조선의 성리학을 완성한 대학자예요. 그는 막 임금 자리에 오른 선조가 올바른 임금이 되길 바라며 6가지를 당부하는 상소를 올렸는데 그 내용이 책판에 잘 남아 있어요.

"첫째, 계통을 중요하게 여겨 인과 효를 온전하게 하소서."
(…)
"여섯째, 수양하고 반성하길 정성스럽게 해야 하늘의 보살핌과 사랑을 받습니다."

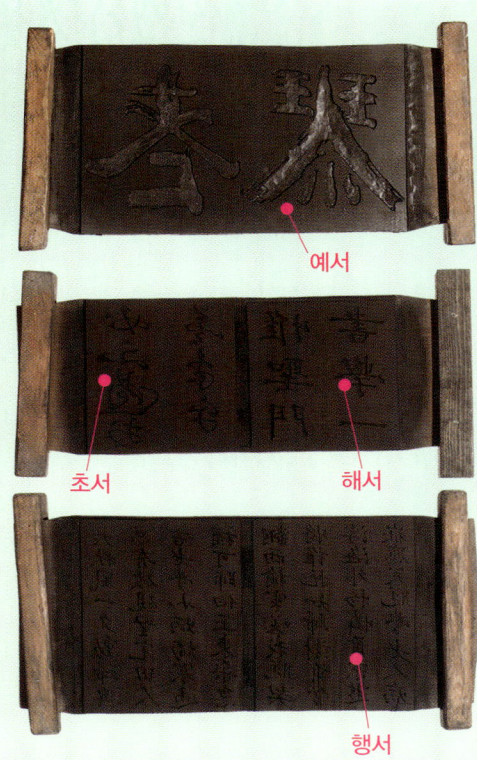

《노정서결》 책판

조선 말 글씨로 이름 높았던 강벽원의 서예 이론서 1책을 간행한 책판이에요. 책판은 61장이 전부 남아 있어요. 책판에 예서·초서·해서·행서의 글씨체가 새겨져 있어요.
맨 위의 책판 글씨는 예서체예요. 중국 한나라 때 만들어진 글씨로 좌우로 납작하게 나뉘어 눌러 쓰듯 쓰인 특징이 있어요. 두 번째 책판의 왼쪽 두 줄 역시 한나라 때 만들어졌는데 예서를 빠른 속도로 흘려 쓰듯 쓴 초서예요. 날렵하고 물 흐르듯 쓰는 것이 특징이에요. 초서 옆의 두 줄은 해서예요. 오늘날에도 한자의 기본형으로 쓰이고 있는 '본보기 해(楷)' 자를 써서 해서라 불러요. 세 번째 책판은 해서와 초서의 중간 형태인 행서예요. 격식을 갖춘 해서와 달리 편하게 쓸 수 있어 널리 사용되었어요.

예서 / 초서 / 해서 / 행서

온 국민을 울린 최장 생방송 [2015년 등재]
KBS 특별 생방송 '이산가족을 찾습니다' 기록물

한국방송공사(KBS) · 국가기록원 · 한국갤럽조사연구소 소장

1983년 6월 30일 KBS는 6.25 전쟁 33주년 기념으로 1시간 30분짜리 생방송 〈이산가족을 찾습니다〉라는 프로그램을 준비했어요. 무대에 초청한 150여 명, 방청석의 800여 명과 함께 시청자에게 걸려 오는 전화를 연결해 즉석에서 가족을 찾는 내용이었어요.

그런데 프로그램 시작 10분 만에 방송국의 모든 전화기가 마비될 정도로 가족을 찾는 전화가 끊임없이 걸려 왔어요. 한 사람, 두 사람씩 가족을 찾기 시작하자 방송국 주변으로 1만 명이 넘는 사람들이 몰려들었어요. 방송은 예정 시간을 넘어 새벽까지 진행되었고 온 국민이 뜬눈으로 밤을 새워 가며 시청했어요. 특별 생방송은 이튿날, 사흗날로 이어졌어요. 5일 동안 최고 시청률이 78%에 이를 정도로 큰 관심을 끌었지요. 그러자 KBS는 긴급 편성을 통해 7월 10일까지 방송을 늘렸고, 또다시 7월 15일부터 11월 14일까지 정규 생방송을 진행했어요. KBS 특별 생방송 〈이산가족을 찾습니다〉는 방송 기간 138일, 시간으로는 453시간 45분이라는 세계 최장 단일 주제 생방송 기록을 세웠으며, 방송을 통해 10,189건의 이산가족 상봉이 이루어졌어요.

이때 방송한 녹화 원본 테이프 463개, 담당 프로듀서의 업무 수첩, 이산가족이 직접 작성한 신청서, 일일 방송 진행표, 큐시트, 기념 음반, 사진 등 20,522건의 기록물이 세계 기록 유산으로 등재되었어요. 이 기록물은 세계 방송사에 길이 남을 특별한 유산이 되었지요.

한국 현대사의 비극, 이산가족

이산가족이란 전쟁, 빈곤 등으로 헤어진 채 살아가는 가족을 말해요. 6.25 전쟁으로 북한에 있는 가족과 헤어진 사람도 있지만 피난 중에 헤어져 서로가 어디에 있는지 모르는 사람이 더 많았어요. 또 돈을 벌기 위해 농촌을 떠나 도시에 왔다가 연락이 끊긴 사람도 많았어요. 해외에 나갔다 소식이 끊긴 사람도 있었어요. 이들의 수는 무려 1,000만 명으로 추정해요. 1980년대 초 우리나라 인구가 4,000만 명이었으니, 4명 중 1명은 이산가족이었던 셈이지요.

전 국민을 울린 노래

〈누가 이 사람을 모르시나요〉는 원래 라디오 드라마의 주제곡이었어요. 생방송 도중 가수 패티김이 이 노래를 불렀는데, 가사가 방송 내용과 잘 어울려 큰 인기를 모았지요. 이 노래와 더불어 또 하나의 국민 노래가 탄생했는데, 가수 설운도의 〈잃어버린 30년〉이에요. 이 노래는 첫 방송 후 만들어졌다고 해요. 애달픈 곡과 가사가 큰 공감을 불러일으켜 방송의 타이틀곡이 되었고 설운도는 생방송 기간 동안 천 번이 넘게 이 노래를 불렀어요.

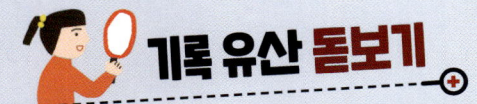 **기록 유산 돋보기**

전 국민이 방송을 보며 슬픈 사연에 함께 울고, 가족을 찾는 순간을 함께 기뻐해 주었어요.

김○모 : 사촌 동생
1.4 후퇴 때 홍릉 빨래터에서 본 뒤로 헤어짐
(김○모 씨 어머니 코 옆에 까만 사마귀가 있음)
김○숙(40)
개성 밤골(제일 마지막으로 피난 나왔음)

외사촌 언니 : 김○분(49세)
친언니 : 김○현(51세)
1952년 정도 친언니가 친정집에서 출산을 하고 시댁으로 간 뒤
소식이 끊김 (고향 : 경산)
강○자(43세) 경북 부산에서 출생

가족을 찾으려는 많은 사람들이 몰려들었어요. KBS 방송국 건물 안팎에는 수많은 사연이 나붙었어요.

조선왕실 어보와 어책

왕실의 정통성을 상징하는 기념물 — 2017년 등재

국립고궁박물관 소장

1392년부터 1966년까지 570여 년간 제작된 조선 왕실의 의례용 도장인 어보, 관련 기록물인 어책, 그리고 훈계하는 글인 교명으로 구성된 기록 유산이에요.

어보는 왕과 왕비를 상징하는 도장으로, 왕의 결재 도장인 국새와는 달라요. 일종의 기념물인데 세자 책봉, 왕비 책봉, 즉위식, 중요 행사, 추증*, 사후 기념 등을 위해 여러 차례 제작되었어요. 실제로 사용하는 도장이 아니라 왕실의 정통성과 영원한 권위의 상징물로 제작되었기 때문에 신성한 물건으로 취급되어 해당 인물이 죽은 뒤 종묘에 봉안되었어요. 어보와 함께 제작되는 어책은 어보의 제작 배경, 해당 인물의 인품이나 학식에 대해 적어 놓은 문서예요. 마지막으로 교명은 책임을 다할 것을 훈계하고 깨우쳐 주는 글이에요.

어책과 어보 제작은 우리나라뿐 아니라 중국, 베트남 등 동아시아 왕실 문화에 널리 퍼진 문화였어요. 그러나 조선처럼 왕과 왕비만이 아닌 왕세자와 세자빈을 위해, 심지어 사후에까지 제작한 경우는 드물어요. 사후까지 지속적으로 만들어진다는 것은 조선이 권위가 계승되고 정통성이 안정된 나라임을 보여 주는 특별한 증거예요. 또한 500년 이상 지속적으로 제작되고 훼손 없이 보존되어 온 사례는 대한민국이 유일해요.

*추증 : 죽은 사람의 관직을 올려 주는 것.

재료와 모양이 달라요

어보는 보통 거북이 모양이지만 용 모양의 어보도 있어요. 용은 황제의 상징물로 1897년 대한 제국이 탄생한 후 용 모양 어보가 만들어졌어요. 어보의 주재료는 금과 옥이에요. 왕세자나 왕세손으로 책봉될 때는 옥으로 만들었고, 국왕에 즉위했을 때나 왕이 죽은 뒤에는 금으로 만들었어요. 드물게 은이나 백철로 만든 경우도 있었어요. 어책의 경우 왕세자나 세자빈을 위해서는 죽책, 왕이나 왕비를 위해서는 옥책, 황제나 황후, 황태자와 황태자비를 위해서는 금책을 만들었어요. 교명은 비단을 사용해 만들었어요.

도난 후 돌아온 어보

조선 왕실의 어보는 모두 368과지만 36과는 사라지고 현재 남아 있는 것은 332과예요. 사라진 어보는 대부분 도난당한 거예요. 다행히 경매나 수사, 기증 등을 통해 어보는 다시 대한민국으로 돌아오고 있어요. 1987년 고종 어보, 명성 황후 어보를 시작으로 2011년 공혜 왕후 어보, 2015년 덕종 어보, 2017년 문정 왕후 어보, 현종 어보가 돌아왔어요.

기록 유산 돋보기

세종 상시호 금보
문종이 세종 대왕을 위해 만든 금보. 찍는 면에는 '영문예무 인성명효 대왕지보(英文睿武 仁聖明孝 大王之寶)'라고 새겨져 있어요.

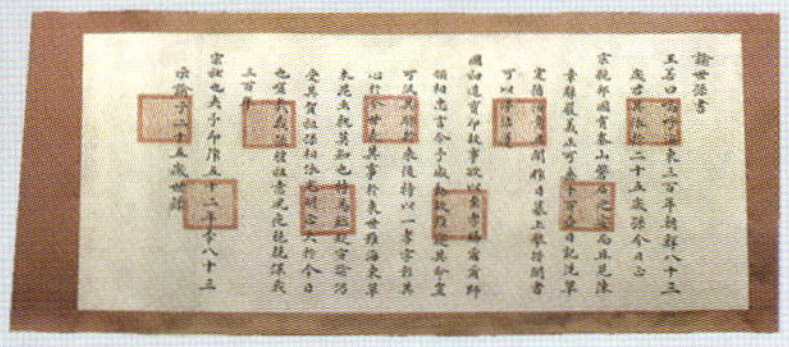

정조효손은인과 유세손서
1776년(영조 52년) 83세인 영조가 왕세손이던 정조에게 내린 은도장(정조효손은인)과 글(유세손서). 도장에는 영조가 친필로 쓴 '효손팔십삼서(孝孫八十三書, 효성이 지극한 손자에게, 팔십삼 세의 할아버지가 쓴다)'가 새겨져 있어요. 어필을 새긴 유일한 어보예요.

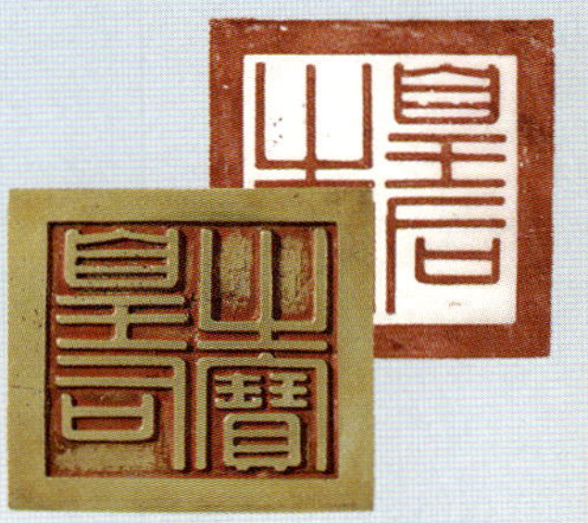

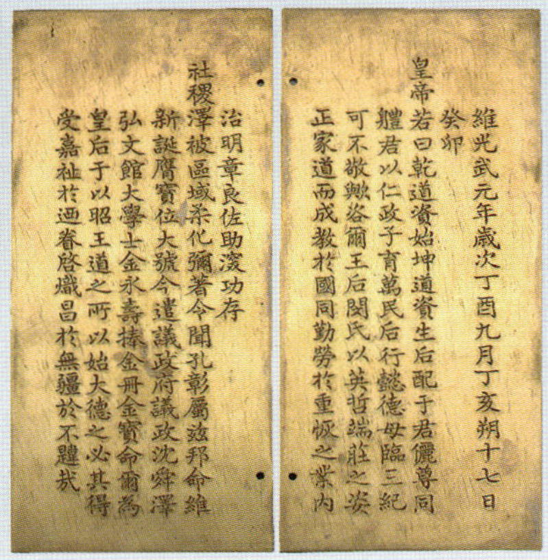

고종비 명성 황후 책봉 금보와 금책
고종 황제가 명성 황후를 위해 만든 거예요. 대한 제국 선포 후 황제국 의장에 맞게 금으로 제작했어요. 도장에 '황후지보(皇后之寶)'를 새기고, 손잡이는 황제국의 상징인 용으로 장식했어요.

국가 경제 위기에 발 벗고 나선 시민들 2017년 등재

국채보상운동 기록물

한국금융사박물관 · 국사편찬위원회 · 국가기록원 · 독립기념관
국채보상운동기념사업회 등 소장

1907년 대구에서는 국가가 진 빚을 갚기 위한 국채보상운동이 시작되었어요. 남자는 금연을 통해 모은 돈을 내놓고 여자는 비녀와 장신구를 내어놓았어요. 양반은 물론 일반 백성, 심지어 기녀와 걸인 등 하층민에 이르기까지 모두가 한마음이 되어 국채보상운동에 앞장섰어요. 이러한 자발적인 기부를 통한 나라 살리기 운동은 점차 전국적으로 퍼져, 참여자는 전 국민의 25퍼센트에 달했어요. 조선의 국채보상운동은 해외에도 알려졌는데, 중국(1909년), 멕시코(1938년), 베트남(1945년) 등이 자극을 받아 비슷한 운동을 펼쳤어요.

국채보상운동 기록물은 1907년에서 1910년까지 조선에서 일어난 국채보상운동의 모든 과정을 보여 주는 기록물이에요. 약소국이 강대국에게 원치 않게 빚을 지는 문제는 제국주의 시대에 발생한 일반적인 침략 과정이었어요. 이를 해결하기 위해 시민들이 자발적으로 힘을 모아 빚을 갚는 합법적인 방식으로 대응한 것이죠. 이 운동은 1997년 우리나라에 외환 위기가 닥쳤을 때 '금 모으기 운동'으로 이어졌고, 동아시아 및 라틴 아메리카, 유럽에까지 영향을 끼쳤어요. 국채보상운동 기록물은 세계에서 가장 오래되고 가장 긴 기간 일어난 시민운동 기록물로 인정받았어요.

대한 제국의 빚 1,300만 원

한 국가가 다른 국가에게 돈을 빌리는 것을 차관이라고 해요. 청일 전쟁(1894년) 승리 후 일본의 힘이 강해지자, 대한 제국은 일본의 압력에 굴복해 여러 차례 차관을 도입했어요. 도입된 차관은 한반도 내 일본인을 위한 시설이나 일본의 손아귀에 들어간 여러 행정 기구를 위해 쓰였어요. 1907년 대한 제국의 빚은 1,300만 원에 달했는데 이는 대한 제국 한 해 예산에 맞먹는 엄청난 금액이었어요. 일본은 이 빚을 무기 삼아 대한 제국을 괴롭혔어요. 이를 참을 수 없었던 사람들은 나랏빚 1,300만 원을 갚자는 최초의 국민 모금 운동인 국채보상운동을 일으켰어요.

국채보상운동을 이끈 네 명의 인물

전 국민적 운동이 된 국채보상운동은 네 사람이 있었기에 시작되고 알려질 수 있었어요. 광문사 부사장 서상돈은 금연을 해서 돈을 모은다면 나랏빚을 갚을 수 있다며 이 운동에 광문사가 앞장서자고 했어요. 사장 김광제는 이를 흔쾌히 받아들여 자신의 담뱃대와 담뱃갑을 버리고 가장 먼저 담뱃값 60전과 의연금 10원을 냈어요. 이 소식을 들은 〈대한매일신보〉 사장 베델과 총무 양기탁은 국채보상운동의 뜻과 의미를 신문을 통해 널리 알리고 신문사 내에 국채보상지원금 총합소를 만들어 전국에서 들어온 의연금을 모을 수 있었어요.

왼쪽부터 서상돈, 김광제, 어니스트 베델, 양기탁

기록 유산 돋보기

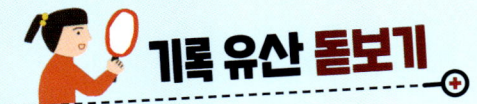

곳곳에서 금연으로 아낀 담뱃값을 모금에 보탰다는 소식을 전하는 신문 기사예요. 주인이 돈을 내는 것을 보고 그의 노비도 모금에 동참했다는 내용이 있어요.

국채보상기성회수금소로 의연금을 속속 납부하고 있는데, 중서리의 봉천 씨는 일백 명이 앞으로 금연하기로 동맹하고 의연금 180원을 수합하여 보성관으로 보내었으며, 인현보통학교 학생 서귀동 등 34명도 미성년자의 흡연이 불가함과 국채보상의 당연함을 깨닫고 담뱃값으로 소비할 돈을 기성회로 보내었고, 사직동 김사오 씨 집의 상노 김범이는 그 주인이 돈을 내는 것을 보고 저축해 두었던 1원의 돈을 납부하였다고 하니 그 애국 사상은 실로 가상하더라.

– 〈대한매일신보〉, 1907년 3월 2일

다동 정위 박유풍 씨의 부인 조씨가 대안동부인회로 옛날 돈 4원을 보내고 공함을 보내었는데, "국채보상에 대하여 여러분께서 애국의 간절한 정성을 불러일으켜 전국 여자의 대표가 되어서 회를 세우고 발기하셔서 규중 어리석은 아녀자의 충심을 불러일으키셨으니, 아무리 견문이 없는 여자라도 어찌 감동하지 아니하겠습니까? 본인도 일반 국민의 의무를 표시하기 위하여 옛날 돈 4원을 부족한 대로 드리니 만분의 일이라도 보태어서 반드시 좋은 결과가 있기를 바랍니다."라고 하였다.

– 〈만세보〉, 1907년 3월 19일

국채보상운동이 시작되자 각지의 여성들이 모여 부인회를 만들었어요. 이 기사는 조씨 부인이 서울 대안동부인회에 국채보상 성금을 보낸 이야기를 전하고 있어요.

조선통신사에 관한 기록

17~19세기 한일 간 평화 구축과 문화 교류의 역사 [2017년 등재]

서울대학교 규장각·국립중앙도서관·국사편찬위원회 등 소장

조선통신사에 관한 기록은 한국과 일본이 처음으로 공동 등재한 뜻 깊은 세계 기록 유산이에요. 임진왜란 이후 최악의 상황이었던 두 나라의 관계가 문화 교류를 통해 점차 평화를 되찾아 가는 200여 년의 시간이 담긴 기록물이지요. 조선은 1607년부터 1811년까지, 일본의 초청으로 조선통신사를 파견했어요. 조선통신사는 조선 관리를 대표로 한 외교 사절인 동시에 시인, 화가, 광대 등이 많이 포함된 문화사절단이었어요. 전체 규모는 300~500여 명으로 임진왜란 후 단절된 국교를 회복하고 두 나라 사이의 평화를 구축하기 위해 외교, 학문, 예술, 공연, 농업, 산업 등 여러 측면에서 활발한 교류가 이루어졌어요. 그 과정에서 만들어진 외교 기록, 여정 기록, 문화 교류의 기록은 모두 111건 333점이에요. 외교 문서, 수행단의 기행록, 시, 서예, 그림 등이 있으며 한국과 일본 두 나라에 나누어 보관되어 있어요. 유네스코는 조선통신사에 관한 기록을 '두 나라의 역사적 경험으로 증명된 평화적·지적 유산'으로 평가했어요.

*달마도 : 선종 불교의 창시자인 인도 승려 달마의 모습을 그린 불화를 말해요. 중국, 일본에도 달마도가 있어요.

조선통신사의 규모와 여정

조선통신사는 모두 열두 차례 일본에 다녀왔어요. 임진왜란을 겪고 선조 40년에 처음으로 여우길이 이끄는 467명의 통신사가 국교 회복을 목적으로 다녀왔어요. 광해군 때는 오윤겸이 이끄는 428명의 통신사가 일본 사정을 살피고 포로를 데려오기 위해 파견되었어요. 인조 때는 세 번이나 파견했는데, 새로운 쇼군*의 취임을 축하하기 위해서, 그리고 일본과 우호 관계를 유지하기 위해서였죠. 그 외에도 효종 때 한 번, 숙종 때 세 번, 영조 때 두 번, 순조 때 한 번 파견했어요. 한양을 떠난 통신사 일행은 부산까지 가서 배를 타고 쓰시마섬과 시모노세키 등을 거쳐 오사카까지 갔어요. 다시 육로로 에도(지금의 도쿄)까지는 가는 데는 보통 5개월이 걸렸어요.

*쇼군 : 일본의 무사 정권인 바쿠후의 우두머리.

통신사에 참여한 사람은 누구였을까요?

통신사를 이끈 책임자는 정사(총책임자)와 부사(부책임자) 종사관(기록 책임자)이에요. 시와 문장을 통해 문화 교류를 담당하는 사람들로는 제술관, 사자관, 서기 등이 있었어요. 이들은 통신사 사행 기간 동안 수천 편이 넘는 시와 글, 글씨를 써야 했어요. 그 외에 통역관과 의원, 그림을 그리는 화원, 말 위에서 묘기를 부리는 마상 재인, 음악을 담당한 악공, 안전을 책임지는 군관과 군인, 배를 젓는 노꾼, 심부름을 하는 소동 등이 있었어요.

일본이 가장 원한 조선 최고의 화가 김명국

도화서 화원 김명국은 달마도*를 잘 그렸어요. 시원시원한 붓질로 단 한 번에 그림을 그리는 김명국의 인기는 일본에서 하늘을 찌를 정도였어요. 오죽하면 일본의 요청으로 두 번이나 통신사에 참가해야 했어요. 그가 가는 곳마다 일본인이 구름처럼 몰려들어 그림을 그려 달라 요청했어요. 더는 힘들어서 그림을 그리지 못하겠다 하면 애걸하다 못해 위협을 할 정도여서 김명국이 눈물을 흘렸다는 이야기도 있어요.

기록 유산 돋보기

《사로승구도》 중 〈부산〉

《사로승구도》는 1748년(영조 24년) 조선의 열 번째 통신사 일행이었던 도화서 화원 이성린이 부산에서 일본 에도에 이르기까지의 여정을 담은 작품이에요. 총 30장면으로 이루어져 있어요. 통신사가 거쳐 간 지역의 이국적인 풍경과 인상적인 장면들이 묘사되어 있어요.

고구마는 일본을 통하여 전래되었어요. 문신 조엄(1719~1777)이 1763년 일본에 통신사로 다녀오면서 대마도에서 종자를 얻어 동래(부산)와 제주에서 최초로 재배했어요. 그 뒤로 우리나라에 널리 퍼졌어요.

이 섬에 먹을 수 있는 풀뿌리가 있는데 감저 또는 효자마라 부른다. 일본어 발음으로 고귀마라 하는 이것은 생김새가 산약과 같고 무 뿌리와도 같으며 오이나 토란과도 같아 그 모양이 일정하지 않다. 그 잎은 산약 잎사귀 비슷하면서 그보다는 조금 크고 두터우며 조금 붉은색을 띠었다. 넌출 역시 산약 넌출만 한데 그 맛이 산약에 비해 조금 강하고 실로 진기가 있으며 반쯤 구운 밤 맛과도 같았다. 그것은 생으로 먹을 수도 있고 구워서도 먹으며 삶아서 먹을 수도 있었다. 곡식과 섞어 죽을 쑤어도 되고 썰어서 정과로 써도 된다. 떡을 만들거나 밥에 섞거나 되지 않는 것이 없으니 흉년을 지낼 밑천으로 좋을 듯하였다.

– 조엄의 《해사일기》 중 고구마에 대한 기록(1764년 6월 18일)

대한민국 민주주의 발전의 빛나는 첫 기록 [2023년 등재]
4.19 혁명 기록물
국가기록원·국립 4.19 민주묘지 등 소장

4.19 혁명은 1960년 4월 19일 학생이 중심이 되어 독재 정권을 무너뜨린 대한민국 첫 번째 시민 혁명이에요. 4.19 혁명 기록물은 당시의 모든 과정을 보여 주는 1,019점의 기록물을 말해요. 2.28 대구 학생 의거부터 3.15 부정 선거에 따른 마산 의거, 4.18 고려대생 의거, 4.19 혁명, 그리고 4.26 이승만 대통령 하야*까지 당시의 모습을 잘 알 수 있는 사진, 일기, 정부 기록, 부상자 자료 등으로 이루어져 있어요.

1960년 3월 15일 제4대 대통령 선거가 부정 선거로 치러지자, 마산의 학생과 시민들이 이에 항의했어요. 특히 마산상업고등학교 1학년이던 김주열 학생의 죽음이 알려지며 시위는 전국적으로 커졌고 서울에서 절정을 이루었어요. 4월 19일 서울 전역의 학생들이 학교 밖으로 나와 정부의 부정 선거를 규탄했어요. 경찰의 발포로 무고한 학생과 시민 186명이 사망했고 6,026명이 부상을 당했어요. 하지만 시민들의 저항은 계속되었고, 결국 4월 26일 이승만 정권은 무너졌어요. 전 세계 약소국가 가운데 시민들이 자발적으로 독재에 저항하며 민주주의를 지켜 낸 일은 처음이었어요. 또한 4.19 혁명은 1960년대 세계 학생 운동에 큰 영향을 끼친 중요 사건이기도 하기에 그 기록물이 세계 기록 유산으로 인정받았어요.

*하야 : 대통령 자리에서 물러남.

세상에 이런 부정 선거가!
대통령 선거에서 불리함을 예상한 자유당 정권은 부정 선거를 해서라도 권력을 지키려고 했어요. 선거를 공정하게 지휘해야 할 내무부 장관이 전국의 공무원들에게 법을 어겨서라도 반드시 이승만 대통령을 당선시키라고 명령했지요. 돈을 주고 유권자를 매수하고, 말을 듣지 않으면 협박을 했어요. 이렇게 해서 기권시킨 표에 이승만을 찍어 미리 투표함에 넣어 두었어요. 조직폭력배를 동원해 투표용지를 공개하게 하고, 이에 항의하는 야당 참관인을 내쫓았어요. 이것으로도 모자라 투표함을 아예 바꿔치기까지 했어요.

4.19 혁명에 참여한 초등학생
4.19 혁명에 앞장선 건 어른들만이 아니었어요. 4월 19일 시위대를 응원하던 수송초등학교 전한승 학생이 경찰이 쏜 총에 맞아 숨을 거두자, 초등학생들도 경찰의 잘못을 비판하며 거리로 나섰어요. 4월 26일 수송초등학교 고학년 학생들은 서로 어깨동무를 한 채 현수막을 들었어요. "부모 형제들에게 총부리를 대지 말라! 우리는 민주 정의를 위해 싸운다."라고 쓰여 있었지요. 결국 어린이들까지 합세한 시위가 승리의 밑거름이 되었고, 대한민국의 민주주의를 지켜 낼 수 있었지요.

시위에 나선 수송초 어린이들

동학 농민 혁명 기록물

세상을 바꾸려는 농민들의 함성이 담긴 기록 **2023년 등재**

동학농민혁명기념재단·국가기록원·고려대학교 도서관·천도교 중앙총부 등 소장

1894년 일어난 동학 농민 혁명은 탐관오리의 잘못을 바로잡고 일본의 침략을 막아 내고자 백성들이 스스로 세상을 바꾸는 주인공이 되었던 역사적 사건이에요. 동학을 따르는 농민이 중심이 된 이들은 탐관오리를 쫓아내고 집강소를 만들어 치안과 행정을 담당했어요. 또한 무기를 들고 조선 정부도 어쩌지 못한 일본군과 맞서 용감하게 싸웠어요. 비록 근대적 무기로 무장한 일본군에 패배했지만 동학 농민군은 일제에 맞서 싸움으로써 훗날 한국의 반제국주의, 민족주의 운동에 큰 영향을 끼쳤어요. 그래서 동학 농민 혁명을 대한민국 민주주의의 역사적 첫걸음이라고도 해요.

동학 농민 혁명 기록물은 이 사건과 관련한 185점, 약 13,132면의 기록물이에요. 여기에는 정부 보고서, 동학 농민군의 문서, 일기, 문집, 임명장, 회고록 등이 포함되어 있어요. 기록물에는 제국주의에 대한 반대는 물론 자유와 공정, 평등과 정의 등 인간의 보편적 권리를 지키기 위한 백성들의 노력이 담겨 있어요. 유네스코는 동학 농민 혁명 기록물이 세계적으로도 매우 희귀하고 중요한 의미를 가졌다고 평가했어요.

동학이란?

1860년 최제우가 불교 및 유교, 도교, 민간 신앙 등을 융합해 만든 민족 종교예요. 서학(천주교)에 맞선다는 의미로 동학이라 불렸어요. 최시형과 손병희가 동학을 이어받았고 후에 천도교로 이름을 바꾸어 오늘에 이르고 있어요. 사람은 모두 평등하고 한 명 한 명이 한울님(하늘의 주인)처럼 귀하다며 인내천(사람이 곧 하늘이다) 사상을 펼쳤어요. 동학은 농민들에게 널리 알려져 가장 신도가 많은 종교가 되었지만 동학 농민 혁명과 3.1 운동을 주도한 이유로 일제의 탄압을 받으며 세력이 점차 줄어들었어요.

동학 농민 혁명의 리더, 전봉준, 김개남, 손화중

백성을 괴롭히고 차별하는 고부 군수 조병갑에 맞섰던 전봉준은 동학의 접주(지역 책임자)였어요. 그는 관리들에게 붙잡혀 간 아버지가 돌아가시자 이웃 접주인 김개남과 손화중을 설득해 1만 명의 농민들을 모아 혁명의 깃발을 들었어요. 전봉준은 키가 작아 녹두 장군으로 불렸는데 기개 있고 마음이 넓어 동학군의 리더로 우뚝 섰어요. 동학군의 2인자인 김개남은 탐관오리는 모조리 없애야 한다며 많은 관리를 붙잡아 처형했어요. 호랑이 장군 같은 김개남을 관군들이 매우 두려워했어요. 세 번째 리더인 손화중은 부드럽고 친화력이 좋아 많은 농민들이 따랐어요. 서로 다른 장점을 가진 세 사람이기에 동학 농민 혁명은 역사에 길이 남을 수 있었어요.

전봉준(왼쪽)과 김개남(오른쪽)

기록 유산 돋보기

사발통문

여러 사람의 이름을 적어 차례로 돌려 보는 문서를 통문이라 해요. 주동자가 누구인지 알 수 없게 하려고, 사발을 엎어 놓고 원으로 돌아가면서 이름을 썼어요. 이 문서는 1968년 정읍의 한 집 마루 밑에서 발견되었으며, 전봉준을 비롯한 동학 간부들의 이름이 적혀 있었어요.

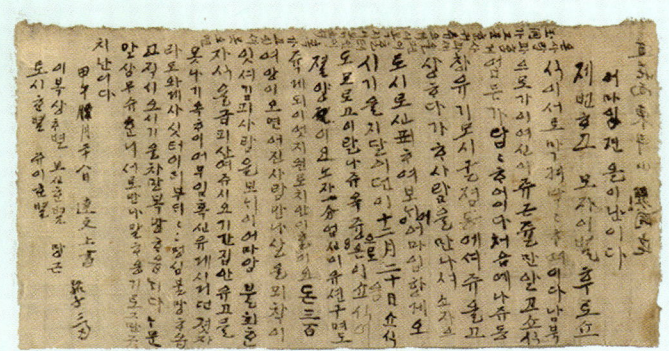

한달문 옥중 편지

> 동학 농민군으로 활동하다가 나주에서 붙잡혀 감옥에 갇힌 한달문이 어머니에게 쓴 편지예요. 감옥 생활의 어려움을 이야기하고 있어요. 동학 농민군이 쓴 한글 편지는 매우 귀해 더욱 특별하답니다.

인사말은 생략합니다. 모자(母子)가 이별한 후로 소식이 서로 막혀 막막하였습니다. (…) 나주 감옥으로 오니 음식이 전혀 없고, 노자 한 푼 없으니 아무래도 죽게 되니 어찌 원통하지 않겠습니까? 돈 300여 냥이면 어진 사람을 만나 살 묘책이 있어서 급히 사람을 보내니 어머님 불효한 자식을 급히 살려 주십시오. 그간 집안 유고를 못 들어 갑갑합니다. 어머님 혹시 불편하시거든 제게라도 와 계실 수 있으니, 부디부디 명심하여 잊어버리지 마시고 즉시 오시기를 천만복망하옵니다. 나눌 말씀 무수하니 서로 만나 말하기로 하고 그만 그칩니다.

1894년 12월 28일 달문 올림

기록의 나라, 대한민국

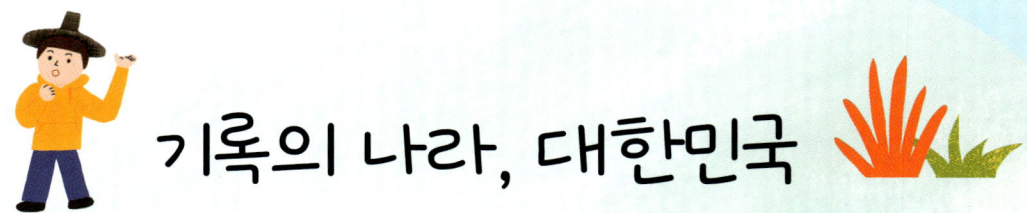

지금까지 한국의 세계 기록 유산 18건을 모두 만나 보았습니다. 자랑스러움과 대단함, 놀라움과 안타까움, 숭고함과 고마움이 느껴지지 않나요? 기록은 한 시대의 역사를 담기도 하지만, 때로는 그것을 지켜 온 사람들의 이야기가 더욱 감동을 주기도 합니다. 이렇게 우리나라의 세계 기록 유산은 하나하나가 깊고, 다채로운 이야기로 가득합니다.

이 책에서는 다루지 않았지만, 유네스코에 등재된 18건의 세계 기록 유산 외에도 6건의 기록 유산 목록이 더 있습니다. 부속 기구인 아시아태평양지역 목록에 등재된 '한국의 편액(2016년)', '조선왕조 궁중 현판(2018년)', '만인의 청원, 만인소(2018년)', '《삼국유사》(2022년)', '내방 가사(2022년)', '태안 유류 피해 극복 기록물(2022년)'입니다. 이 기록물들도 세계 기록 유산에 못지않은 특별한 유산입니다. 한국의 편액은 189개 문중과 서원에서 한국국학진흥원에 기탁한 550점의 편액(건물의 뜻과 의미가 담긴 이름판)이 대상입니다. 조선왕조 궁중 현판은 경복궁 등 5대 궁궐과 종묘 등에 걸려 있던 이름판 중 국립고궁박물관이 소장한 770점입니다. 만인의 청원, 만인소는 상소문에 수천 명의 선비들이 이름을 써서 국가에 제출한 것으로 길이가 무려 100미터나 됩니다. 《삼국유사》는 삼국 시대 역사와 설화를 담아 일연 스님이 쓴 역사서이며, 내방 가사는 조선 시대에 주로 규방의 여성들에 의해 창작되고 전해져 온 작품입니다. 마지막으로 태안 유류 피해 극복 기록물은 2007년 충남 태안 앞바다에서 일어난 기름 유출 사고와 극복 과정을 담은 20만 점이 넘는 기록물입니다.

　이외에도 북한에서 등재한 《무예도보통지》(2017년 등재, 박제가와 백동수가 정조 때 편찬한 무예 교범)와 《혼천전도》(2023년 등재, 천문도)도 우리 민족의 소중한 기록 유산입니다.

　한국의 세계 기록 유산은 그 수량도 많지만 내용적으로 몇 가지 특징이 있습니다. 첫째, 《조선왕조실록》《승정원일기》《일성록》처럼 수천만, 수억 글자에 달하는 방대한 기록이 많습니다. 둘째, 3분의 2가 조선 시대 기록물입니다. 어마어마한 분량과 함께 역사서, 일기, 한의서, 언어, 책판 등 다양한 종류와 기록의 신뢰성이 고루 인정되어 조선을 기록의 나라라 부르기도 합니다. 셋째로 민주주의, 경제 성장, 분단과 관련된 현대사의 핵심 기록물이 모두 존재한다는 것도 특별한 점입니다.

　양적인 면에서도 다양성에서도 매우 높은 평가를 받는 한국의 세계 기록 유산은 등재된 기록물 외에도 등재를 기다리는 기록물이 매우 많습니다. 등재 후보 목록에는 '일본군 위안부 관련 기록물', '조선 시대 병영 일지, 군영등록', '일제 강제 동원 피해 기록물', '거제도 포로수용소 관련 기록물', '《음식디미방》과 《수운잡방》 등 음식 기록물', '조선 시대 불교 경판', '천상열차분야지도 등 석각 천문도', '조선의 금속 활자', '동궁일기 등 궁중의 고문서와 고지도', '제주 4.3 기록물', '금 모으기 운동 등 IMF 외환 위기 극복 관련 기록물' 등이 있습니다.

　위대한 기록을 남긴 선조들을 생각한다면 기록이 지니는 의미를 잘 살펴 보존하고 연구하고 활용하는 일이야말로 우리 후손들의 역할이 아닐까요?

사진 출처

11쪽 《훈민정음 해례본》《훈민정음 언해본》 : 국립중앙도서관
13쪽 《세종실록》 : 국사편찬위원회 온라인 조선왕조실록
14쪽 복 활자 : 국립중앙박물관 제공
14쪽 전 활자 : 남북역사학자협의회 제공
17쪽 《승정원일기》 : 국사편찬위원회 온라인 승정원일기
18쪽 《효장세자책례도감의궤》 : 국립중앙박물관
19쪽 《인조장렬왕후가례도감의궤》《숙종국장도감의궤》 : 국립중앙박물관
21쪽 《반야바라밀다심경》《법구경》 상권 : 불교학술원 불교기록문화유산 아카이브
23쪽 《동의보감》 탕액편 : 국립중앙도서관
25쪽 《일성록》 : 한국고전번역원 온라인 일성록
26쪽 〈임을 위한 행진곡〉 악보 : 5.18민주화운동기록관 제공
27쪽 〈전남매일신문〉 : 광주일보 허가
27쪽 박용준 투사회보 : 5.18민주화운동기록관 제공
27쪽 사진 〈옛 전남도청 앞 집회〉 : 나경택 촬영, 5·18기념재단 제공
27쪽 사진 〈시민을 폭행하는 공수부대원〉 : 이창성 촬영, 5·18기념재단 제공
29쪽 《이충무공전서》 5권 난중일기 : 국립중앙도서관
31쪽 새마을 화보 : 새마을 운동 아카이브
33쪽 《징비록》 책판 : 한국국학진흥원 목판 아카이브
33쪽 《퇴계선생문집》(경자본) 책판, 《노정서결》 책판 : 한국국학진흥원 목판 아카이브
35쪽 사진 〈KBS의 이산가족 찾기 생방송 현장〉 : 경향신문 제공
35쪽 사진 〈이산가족을 찾는 벽보로 가득 찬 KBS 앞 분수대〉 : 경향신문 제공
37쪽 세종 상시호 금보 : 국립고궁박물관
37쪽 정조효손은인과 유세손서 : 국립고궁박물관
37쪽 고종비 명성 황후 책봉 금보와 금책 : 국립고궁박물관
39쪽 〈대한매일신보〉〈만세보〉 : 《국채보상운동100주년기념자료집》(대구광역시 발행)
40쪽 〈달마도〉 : 국립중앙박물관
41쪽 《사로승구도》 : 국립중앙박물관
42쪽 사진 〈시위에 나선 수송초 어린이들〉 : 3.15의거기념사업회 제공
43쪽 이승만 대통령 사임서 : 국가기록원
43쪽 사진 〈시민들이여 기뻐하라〉 〈학생의 피에 보답하라!〉 : 3.15의거기념사업회 제공
45쪽 사발통문, 한달문 옥중 편지 : 동학 농민 혁명 사료 아카이브

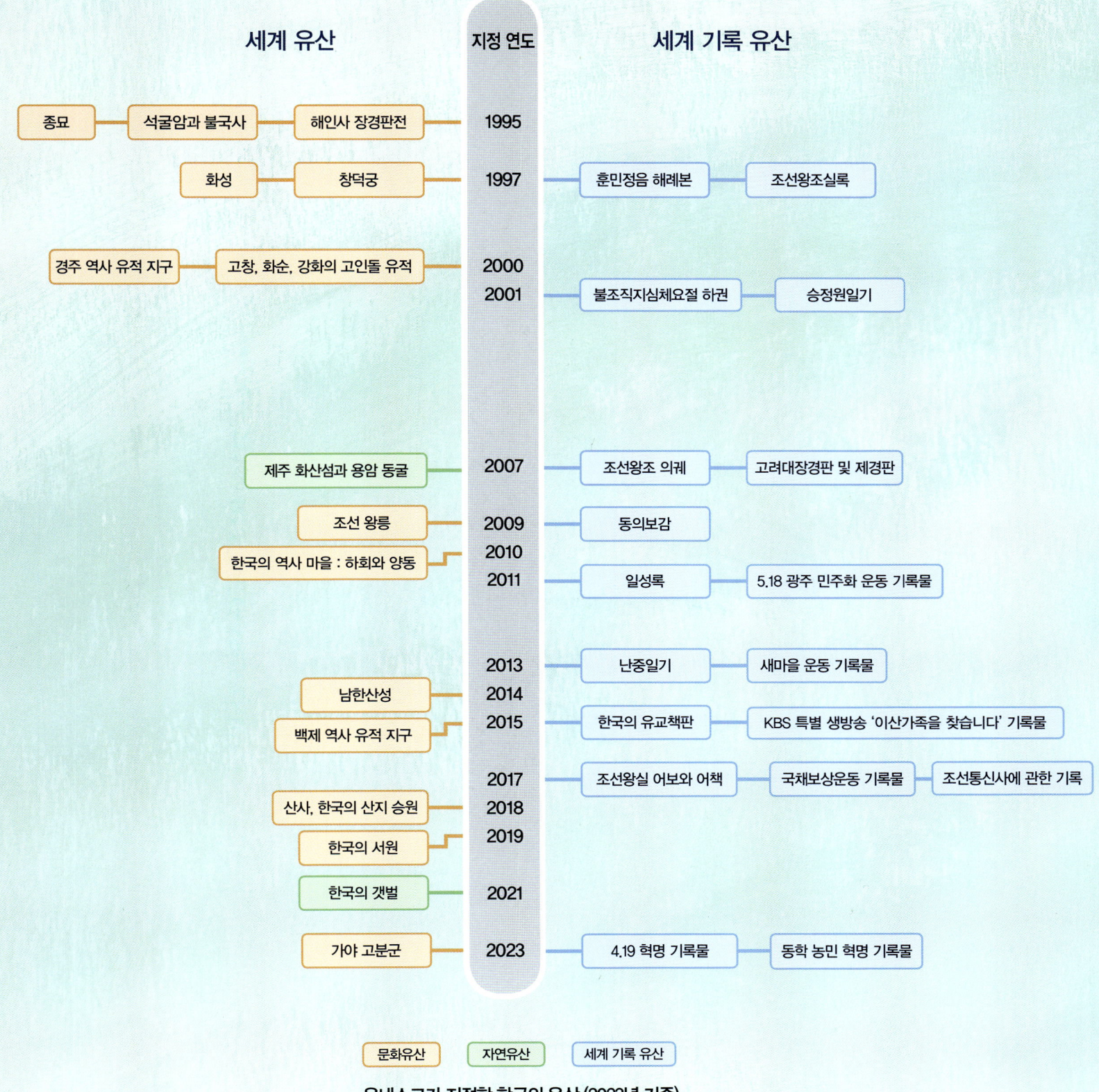